ウクライナの現場から

佐藤和孝
Sato Kazutaka

◎目次

第2章　空襲警報と砲撃のなか、ウクライナは一つになった――首都キーウ

第3章　ロシア軍の市民を狙った破壊と殺害の現場を見た――「ブチャの虐殺」

第4章　ジャーナリストとして、現地取材に思う

第5章　現在の戦況と六年前の東部ドネツク取材

第6章　歩いてきた戦場との比較から——佐藤和孝の眼

おわりに

佐藤和孝取材年表

序章

ロシアのウクライナ侵攻を、なぜ許してはいけないのか

◆ウクライナ侵攻は、八年前に始まっていた

二〇二二年二月二四日、ウクライナ国境に集結した二〇万人規模のロシアの大軍が、三方向からウクライナに侵攻した。その前からアメリカは「ロシアは必ず侵攻する」と情報発信していたが、本当に正面きって攻め込んでくるとは世界中が思っていなかった。しかしこの戦争は、このときに始まったわけではない。二〇一四年二月に首都キーウの独立広場で起こった親ロシア派政権への市民・学生たちの抗議デモに端を発している。

ウクライナはその前年、EU（欧州連合）加盟への仮調印を済ませていた。ところが親ロ派であるヴィクトル・ヤヌコーヴィチ大統領はロシアからの圧力もあり、調印を見送る決定を下した。これが市民の怒りとなったのだ。

政府側は機動隊・警察を出して鎮圧をはかったが押さえ込めず、二月二二日、ヤヌコーヴィチ大統領はロシアに亡命した。

これに対するプーチン大統領の対抗措置は早かった。親ロシア系住民の多い東部のドネツク州、ルガンスク州（ルハンシク州）で、親ロ派武装勢力を蜂起させ、「ドネツク人民共和国」「ルガンスク人民共和国」の独立を宣言させたのだ。ウクライナ軍と武装組織との武力衝突に発展し、ドンバス戦争とよばれた。

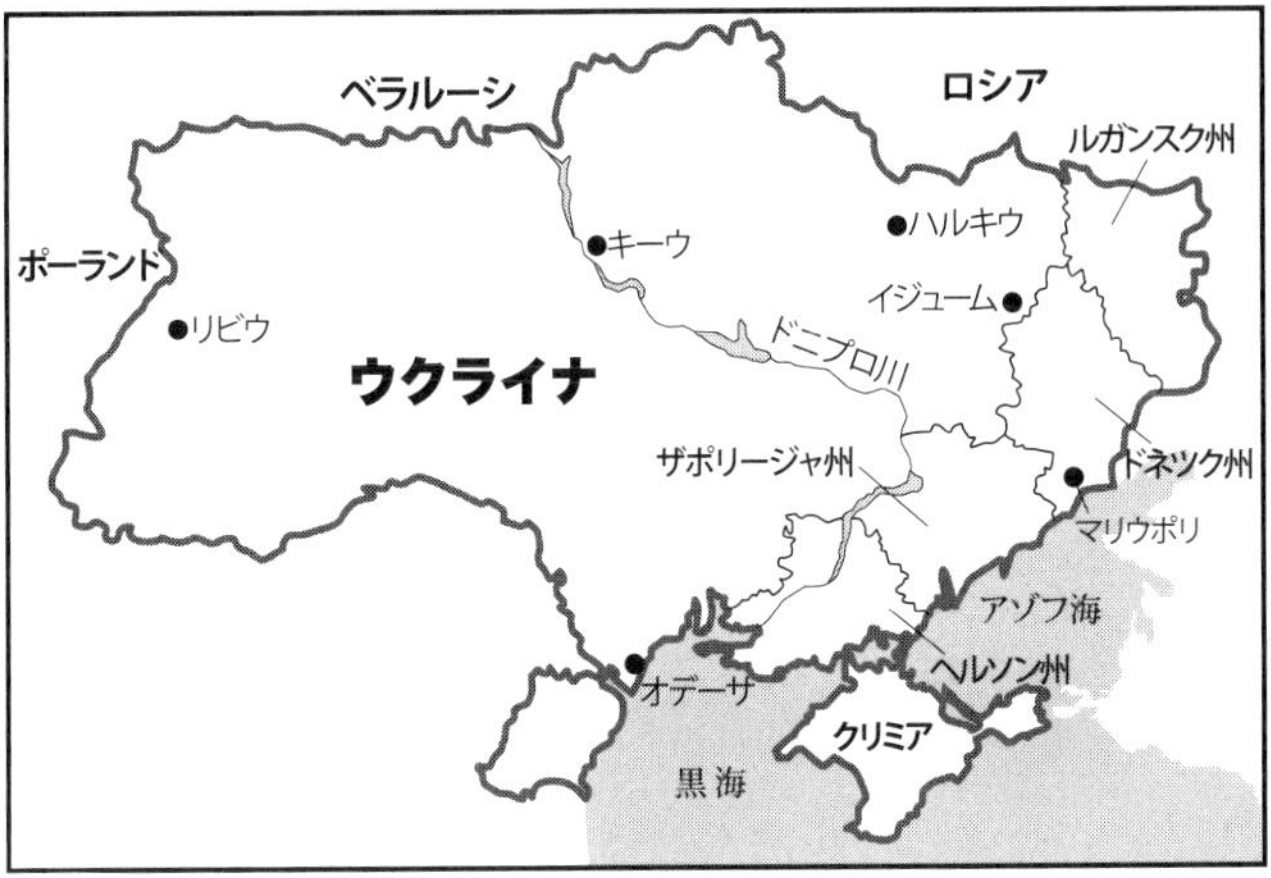
ベラルーシ
ロシア
ルガンスク州
ポーランド
キーウ
ハルキウ
イジューム
リビウ
ウクライナ
ドニプロ川
ザポリージャ州
ドネツク州
マリウポリ
アゾフ海
ヘルソン州
オデーサ
クリミア
黒海

ホストメリ
ボロジャンカ
ブチャ
イルピン
キーウ
中心部
ドニプロ川
キーウ州

キーウ中心部

これと並行して行なわれたのが「クリミア併合」である。二月二七日に国籍不明の武装集団がクリミア半島の政治中枢などを占拠し、「クリミア共和国」がウクライナから独立、三月には国民投票が行なわれて編入賛成多数でロシアへの併合が決まっている。この投票には不正があったとみられ、ウクライナも国際社会も承認していない。ヤヌコーヴィチがキーウを脱出したのが二月二二日だから、まさに電撃作戦である。

以後、ウクライナ侵攻に至るまで、八年にわたってこの状況は続いてきた。東部のドネツク州、ルガンスク州には、州の一部だけを占拠したドネツク人民共和国、ルガンスク人民共和国が、クリミア半島にはロシアに併合されたクリミア共和国がある。いずれも法的根拠がない武力による実効支配である。

二〇一五年二月には、ベラルーシの首都ミンスクで「ミンスク合意2」が調印された。ウクライナ東部のドンバス戦争の停戦協定で、欧州安全保障協力機構(OSCE)の監督の下、フランスとドイツが仲介して、ウクライナとロシアが署名した。

しかし、合意内容の実行に向けて争点となったのが、親ロシア派武装勢力が占領する二地域に、幅広い自治権を認めるという部分だった。ロシアによる実効支配につながるため、ウクライナは対応を先延ばしにする。合意そのものが、ロシアに有利なものだった。結局、停戦協定のはずが、東部ドンバス地方で散発的な戦闘が絶えることはなかった。

◆玄関からいきなり踏み込んできて、家族を撃ち殺す暴挙

この八年を考えるとき、私はシンプルにものをみるために、よくこんなたとえ話をする。ウクライナのもとの地主はロシアだ。しかしソ連邦が崩壊し、一九九一年に独立国家になったとき、合法的な手続きで今の土地（国土）を入手したのである。

ところが手放した地主（ロシア）があとになって考えてみると、土地の東側には、「ドンバス地方」という美しいお花畑の一角が広がっているではないか。

「もともと俺の土地だったんだから、ここのお花畑のところは返してくれないか」

というのが、今回の戦争の発端である。お花畑の土地の所有者（ウクライナ）としたら、「今さら、何を言っているんだ」となるだろう。到底受け入れられるものではない。

すると元地主は、自分では直接手をくださずに、「親ロシア派武装勢力」という子分をつかって、お花畑を荒らし始めた。ウクライナ側も、「嫌がらせされようが、ここはうちの土地だ」といって頑張る。この小競り合いが、八年にわたって続いてきたのだ。

今回の侵攻は、たとえていえば合法的にウクライナに所有権のある土地に、ロシアが「おまえ、うちのお花畑を荒らしているだろう。いい加減返せ」と言って乗り込んできたようなものである。それが「ロシア系住民を守る」「ネオナチの台頭を許さない」とかいう理屈である。

ウクライナ側とすれば、とはいえ巨大な大地主の無理無体《むりむたい》な要求をいつまでも単独で拒否できるものでもない。土地を分譲してもらった東側の大地主はらちがあかないので、自分の土地の西側にいる大地主（アメリカやEU）に「なんとかやめるように言ってください」と頼んだ。しかし調停役になってくれるようで、なかなか話がすすまない。

ところが、ウクライナが西側の大地主と仲良くし出した様子を見たロシアは、「この裏切り者」と言い出した。ついに大勢の武装した連中を派遣して、お花畑のオーナーの屋敷（キーウ近郊）に押し入ってきたのである。インターホンも押さずに玄関の扉を蹴破り、いきなり家族を一人、また一人撃ち殺し始めた。「冗談じゃない」といってウクライナも武器をとって反撃したというのが今回の構図だ。

一度、手放した土地に土足で踏み込んで来て、東側の敷地には居座りを決め込み、返すどころかさらに南部までほしがって武力を行使し続けている。とんでもない自己中心的な集団殺人事件ではないだろうか？

もう一度確認しておくと、問題のお花畑のある土地は、ウクライナが合法的に取得したものである。侵攻は、明らかな国際法違反である。すると、周りの国々も当然怖がる。あのロシアという大地主は、力ずくで自分のもとの土地を奪いに来ると。とはいえ、周辺も巻き込んだ大げんかにするわけにもいかない。アメリカやNATOは、経済制裁や武器供与などはするが参戦はしないというスタンスで関与を続けている。

◆首都攻略の電撃作戦に失敗、東部制圧に切り替えた誤断

これが一般人の世界なら警察に訴え出るしかない。国家レベルでいえば、その役割はかつてアメリカが担っていたが、ずいぶん前に放棄している。国際連合が何の役にも立たないのは、ロシアが常任理事国を務めているのだから当り前である。

今回の侵攻は、当初は三、四日、長くて一週間程度の作戦だったといわれる。たしかに、電撃的にゼレンスキー大統領を殺害するか国外逃亡させ、そのあとに住民投票でもして傀儡《かいらい》政権をつくってしまえば、西側諸国は何も言えなかっただろう。そこが目論見《もくろみ》だったのは間違いない。

KGBが前身であるFSB（連邦保安庁）も、プーチンにそれが可能であると報告したと思われる。二〇二一年八月にアメリカが撤退した後、タリバンに制圧されたアフガニスタンのガニ大統領のように、真っ先に逃げ出すだろうと見ていた。ゼレンスキーがコメディアン出身ということで揶揄《やゆ》する声もあったし、まだ四四歳で政治経験も浅い彼を、FSBは完全に甘く見ていたのだろう。

ロシアに爆撃された首都グロズヌイ（チェチェン共和国）（1996 年 9 月）

傀儡《かいらい》政権をつくってウクライナ全土も意のままにしようとしたプーチンの作戦は、キーウ攻略から手を引いた時点で失敗し、州の一部に傀儡国家のある東部のドネツク州、ルガンスク州の完全制圧に軍事目標を切り替えた。しかしウクライナ軍の抵抗は激しく、出口のない長期戦になってしまった。

こうなった以上、この戦争は一年、二年、いやそれより長く続くだろう。これまでに八年争ってきたことに決着を付けようとしているのだ。そしてウクライナの戦後復興は、どんなに早く見積もっても一〇年はかかる。

同じように都市が廃墟になった光景を、私はチェチェン紛争でも目《ま》の当たりにしている。チェチェン共和国はロシア連邦憲法では、連邦を構成する国家の一つとされ、ソ連崩壊後、ロシア連邦に残った国である、ところが独立を求める武装勢力が蜂起し、第一次（一九九四〜九六）、第二次（一九九九〜二〇〇九）と足かけ一四年という泥沼の戦闘が続いた。あのとき目の当たりにした首都グロズヌイの空爆で破壊された街並みは、私が今回取材したキーウ近郊のブチャやイルピンの惨状に似たところがある。

しかし日本の四国ほどの大きさで人口一四〇万人ほどのチェチェン共和国と、ヨーロッパ第三位の面積と人口約四三八〇万人を抱えるウクライナとでは規模が違う。戦争が長引けば長引くほど、廃墟となっていく街は広がり、軍人、民間人を含めた死傷者の数は想像もつかない数に上っていくだろう。

◆ロシア連邦が負ければ、抱える紛争が一気に再燃する

旧ソビエト社会主義共和国連邦を構成した国家には、ロシアとは現在も独立問題や領土問題を抱えている国が複数ある。最近ではアゼルバイジャン共和国西部の自治州ナゴルノ・カラバフをめぐるナゴルノ・カラバフ紛争（二〇二〇年）での、アルメニア共和国への支援をはじめ、南オセチア州をめぐるジョージアとの戦争（二〇〇八年）など、ロシアは数々の紛争に関与してきた。

プーチンの出兵の大義名分は、たいてい「親ロシア派住民が虐げられている」というものだ。いつもこのやり方で、軍事侵攻の口実にする。いまは独立国である国の親ロ派勢力に武力で自治州をつくらせ、紛争をたきつけて「親ロ派を助けに行く」という名目で出兵する。ウクライナへの軍事侵攻も、まさに典型的なやり方だ。

今回ロシアが負ければ、これまでに紛争をたきつけて支配してきた地域も、一気に反ロシア勢力が巻き返し、失うことになりかねない。二〇〇〇年六月からプーチンが臨時行政府を置いて傀儡化しているチェチェン共和国なども、独立派が勢いを増すだろう。

一九七九年一二月のソ連のアフガニスタン侵攻の場合は、親ロ派のアフガニスタン人民民主党政権が、ムジャヒディンの蜂起に対してソ連に軍事介入を頼んだかたちになっていた。自ら仕組んだ場合でも、内紛によって当事者から依頼された場合でも、それによって傀儡政権を樹立し、思想統制を強めてずるずると時間をかけてロシア化し、自分の領土にしていくのがロシアの常套《じようとう》手段である。これはロシア革命以前に、約二〇〇年にわたって存在したロシア帝国からの伝統なのだろう。

プーチンの頭のなかを覗いてみるわけにはいかないが、彼の考え方の根底には、ソ連というよりロシア帝国がある。

六年ほど前にウクライナの親ロ派のドネツク州を取材したことがある。このとき会ったある兵士はロシアの正規軍ではなく、退役した元ロシア軍人の傭兵で、民間軍事会社「ワグネル」に所属していた。当時六〇歳くらいだった彼は、「俺は帝政ロシアを夢見ている」という。若い軍人はわからないが、我々世代の念頭には帝政ロシアの栄光がある、と強い口調で語っていた。そうした世代の強い支持が、プーチン大統領にはあるのかもしれない。

もっとも欧米側も負けるか、プーチンに大幅に譲歩して停戦ということになれば、各国の領土をめぐる争いはますますエスカレートする。「力による現状変更がまかり通る」と、国際社会に示してしまうからだ。

親ロ派に支配された 2016 年のドネツク州の都市クラマトルスク

どちらかがアドバンテージを手にすれば、優勢な方が停戦なり降伏勧告なりということもあるだろう。しかし、膠着《こうちゃく》した今の状態ではできない。そもそも「外交の失敗が戦争」であり、始まってしまえば外交は意味をなさず、勝ち負けが見えるまで終わらない。

ウクライナには、アメリカ、NATOがついている。この状態がある限り、ロシア一国の軍事力で戦い続けるといっても限界がある。その間、ロシアは西側の経済制裁によって疲弊していく。ハイテク機器も含め、軍需産業の半導体や部品も補給できない。孤立は深まり、経済も内政もダメになっていくだろう。ロシア国内は混乱をきたし、内乱やクーデターの可能性も高まる。プーチン政権の未来はないかもしれない。

◆驚くほど弱かったロシアの軍事力

さらに今回わかったのは、開戦当初に始まって、その後のウクライナ軍の優勢を見る限り、ロシア軍が驚くほど弱かったことだ。侵攻当初など、数の上でも劣勢で防衛に徹しているウクライナ軍が、アメリカやNATOが供与する武器を駆使し、大軍による首都攻略を諦めさせた。

武器のハイテク化の遅れに加え、世界一広大なロシアの人口は一億四四〇〇万人、西側はアメリカだけで三億三〇〇〇万人、NATO諸国を加えれば兵力に圧倒的な差が出るのは明白である。国土の大きさに惑わされていたが、ロシアはじつは広い「北朝鮮」のようなものだ。エネルギー資源を除けば、主な産業は軍需産業くらいしかない。西側諸国より格安で紛争国に武器輸出しているが、自動小銃などはとにかく、戦車などの水準は低い。

精密誘導ミサイルの精度も、米戦略国際問題研究所によると、ものによっては命中率が五〇％に満たないものがあるという。半分以上が命中しないとはどういうことだろう。

一方でウクライナの巡航ミサイルによって、巡洋艦モスクワが撃沈されている。ウクライナはそもそもが「旧ソ連の兵器庫」といわれたほど、軍事技術は高水準である。

さらに不思議なのが、ロシアが制空権をとっていないことだ。現代の戦争は、まず巡航ミサイルか航空機戦力で空爆し、長距離砲で砲撃し、反撃能力を十分奪って地上軍の投入というのが一般的だが、今回の侵攻ではその手順を踏んでいない。

ロシア軍には、旧ソ連時代から地上部隊の作戦の援護的役割として、航空機戦力を活用する伝統がある。ウクライナを甘く見ていたこともあるだろうが、約三五〇〇機を超える軍用機（「世界の空軍2016」による）をもちながら、プーチンも伝統的な地上部隊中心の作戦にこだわってしまったのか。少なくとも、長期にわたる全面戦争を想定せず、地上部隊で電撃的に攻略できると考えていたことは、ここからもわかる。

逆にウクライナ軍の方は、相当に準備していたようだ。八年前のクリミア侵攻からの経緯を思えば、ロシア軍の脅威に手をこまねいてすごしているはずはない。NATOからは、ロシア軍に関する情報や軍事技術の提供、最新兵器の供与と使用法の指導などは侵攻前から行なわれていた。

二月二四日の侵攻初日、ロシアの空挺部隊約三〇〇名がキーウ郊外のアントノフ空港を一時占拠したと報じられた。ところがウクライナ軍の反撃で奪回されたばかりか、ほぼ全滅してしまったという。これなどはウクライナ側に十分な備えがあり、NATO側から敵作戦内容という機密レベルの情報提供まであったことの裏付けといえる。

ロシアから見てもう一つの誤算は、長年中立国だったフィンランドとスウェーデンのNATO加盟申請である。ウクライナのNATO入りを阻止しようとして、中立国をNATO側に追いやってしまった。ロシア国境の西側は敵だらけだ。こう見てくると、遠くない未来に、ロシア・中国連合のような国際社会の対立軸が生まれるのだろうか。

私はそこまで中国は愚かではないと考える。おそらく中国は、西側とロシアの対立の〝漁夫の利〟を狙ってくるだろう。ロシアを支援しているように見られているが、趨勢《すうせい》を注視しているに過ぎない。もっとも、もしロシアが勝つようなことになれば、尖閣諸島や台湾有事はすぐに始まるかもしれない。

◆世界史が変わったと認識した方がいい

もう少し踏み込んで言うと、二〇二二年二月二四日、ロシアのウクライナ侵攻があった瞬間、「世界史は変わった」と認識した方がいい。歴史の転換点なのではなく、この日をもって転換し終わったと見るべきだ。全く新しい段階に突入している。

それは二〇世紀中ごろの第二次世界大戦終了後、国際社会が冷戦構造で二陣営に割れながらも、冷戦終結を経てもなんとか保ってきた国際秩序の終焉である。一九九一年のソ連崩壊で、社会主義VS自由主義のイデオロギーの対決は三〇年前に終わった。これから始まるのは、専制主義VS民主主義のイデオロギー対決である。

この戦争が及ぼす影響は、アフガン戦争、チェチェン紛争、イラク戦争、あるいはユーゴ解体やシリア内戦などとはまるで違う。これまでの大国の紛争介入は、あくまで局地戦や内戦に乗じて戦われたものに過ぎなかった。今回は世界規模での影響は避けられない。

これまで私が歩いてきた戦場は、あくまでアフガニスタンの歴史、イラクの歴史などの変化の現場に立ち会ったにすぎない。今回のウクライナ取材では、「世界史の現場」を目の当たりにしてきたことになる。地域紛争であっても世界に〝さざ波〟くらいは起こしているが、今回のケースは世界史全体への巨大津波である。

もしロシアが勝つことになれば、強権的・独裁的な国家は、勢いを得て領土的野心のままにふるまうようになるだろう。武力さえあれば、何でもありの世界になる。国連の常任理事国で核保有する大国が、自分の事情だけで隣国に武力侵攻に及んだのだ。

逆にロシアが敗色濃厚になり、現政権の存続が危ぶまれるようなことになれば、プーチンが劇的に状況を変えるには核や生物兵器を使うしかない。この最終カードを切ればどうなるか、プーチンは計算しているだろうが、西側諸国もその場合の様々なシミュレーションをしているのは当然のことである。

核を撃つならどこに撃ってくるか。これに対し、アメリカやNATOが反撃しなかったら、ロシアの勝ちになる。逆にアメリカは、中途半端な核報復をすれば、さらに核の反撃が来て、報復が報復を生んで地球規模の核戦争にエスカレートしてしまう。初期段階でロシアを再び立ち直れなくするくらい、一気に核攻撃するしかない。しかし、そこまでの覚悟を、バイデン大統領は持っているのだろうか。

若干の人的被害を伴う郊外のどこかを、戦術核で攻撃するのではないかという見方もある。NATO側は、「通常兵器による反撃で対抗する」といった声明を出していた。しかし、その場所がキーウならば、モスクワやサンクトペテルブルクに核ミサイルを撃ち込まないと反撃とはいえない。そうなれば第三次世界大戦の幕が開いてしまう。

ウクライナ各地から届いた医薬品などを仕分けするボランティア（リビウ）

そうした事態は、誰も望まないだろう。しかし「起きるはずがない」と断言できた国際社会はもう過去のものなのだ。

そのことを再確認した上で、私はウクライナ侵攻が開始された直後、ウクライナ西部の都市リビウ、首都キーウ、さらにキーウ近郊で激しい戦闘にさらされたブチャ、イルピンで目撃した惨状、出会った人々、庶民の避難生活の実態などについて、見たこと、感じたことを「現場目線」で書いていこうと思う。

いったん戦争が起これば、大事にしてきた市民生活は木っ端微塵《こっぱみじん》に破壊される。しかし、それでも人は生き、敵兵や爆弾から身を隠し、会社も学校もやっていなくても食事をし、子どもを育て、日々の暮らしを生きている。そして武器を抱えて前線にはいかなくとも、自分の国を愛し、国を守るために何かの役に立ちたいと行動している。

世界大戦の予兆まで感じさせる世界情勢のなかでも、一人一人の人間には生活があり、人生がある。そのリアルな姿の一端でもご紹介できたらと思う。

第1章

二〇万人の避難民を受け入れた市民たちの戦い——国境の街リビウ

◆避難民が押し寄せる国境を越え、古都リビウへ

私がポーランドのワルシャワ空港に入ったのは、二〇二二年三月四日のことである。空港は平時と変わらない状況だったが、新型コロナウイルスのPCR検査その他の手続きで、出るのに四時間ほど待たされた。

空港を出ると、待機していた車で一気にポーランドとウクライナの国境を通過した。そのとき目の当たりにしたのは、ポーランド国境に押し寄せた数万というウクライナの避難民だった。地続きの国境だが、通関できるゲートは限られている。日が暮れて零下まで気温が下がる寒さのなか、暖房もない野外で立ち尽くしてゲートを通る順番を待っている。群衆は、女性と子供ばかりだった。すでにウクライナ政府から「国民総動員令」が発令され、一八歳から六〇歳の男性の出国が禁止されていた。

一方、ウクライナに入る方はスムーズで、西部の都市リビウに着いたのは、五日の夜一〇時過ぎだった。日本から三五時間くらいかけて移動した計算になる。

ロシアが侵攻してきた二月二四日の段階で、戦火の及んでいなかったリビウも含めたウクライナ全土にマーシャル・ロー（戒厳令）が敷かれていた。そのなかには、夜の一〇時から朝六時までという外出禁止令もあった。ただその時間帯でも、避難民たちは比較的外を歩いていた。

外出者をあえてとがめるような厳格な運用ではなかったようだ。

翌朝、街に出てみると、雰囲気はいたって静かだった。会社も学校もやっていないのだから当然だ。ただ公園に行けば人はいたし、散歩している人、ベンチで会話している人もいた。マーケットやレストランなどもオープンしている。

リビウは、バロック式の教会や石畳の歩道が残る中世ヨーロッパの街並みの面影を残す美しい街だ。世界遺産に登録され、フォトジェニックな風景が広がっている。そうしたなかで、おそらく日常的でないのは、トランクや荷物を担いで、まさに戦闘地域から逃れてきたという人たちが散見されることくらいだろう。

旧市街の中心部には、歴史的建築が並ぶルィノク広場があり、リビウ市庁舎も広場に面している。市庁舎を画面の背景に撮影できる、広場のネプチューン像の前からテレビ中継を行なっていたが、像が布のようなもので保護されていたのが印象的だった。一六世紀からの建築物があるルィノク広場には、文化的な価値のある立像も多い。万が一の爆撃の際、砲弾の破片などから守るためだと聞いた。まだ静かなリビウの街でも、戦火が及ぶことを想定した準備が着実に進んでいた。

ポーランド国境に向かうウクライナの避難民（2022.3.5）

◆着の身着のままの人たちを支える市民ボランティア

ところが旧市街が閑静な一方で、郊外に二キロほど離れたリビウ駅では、状況は一変していた。それこそキーウ方面から到着する避難民でごったがえしている。

一九〇四年開業のリビウ駅は、アールヌーボー様式の瀟洒《しょうしゃ》な外観の、国際列車が発着する駅である。ウクライナからヨーロッパへの玄関口として、平時はポーランド、ドイツ、ハンガリー、オーストリアとの間を列車が行き来している。

私が訪ねたときは、首都キーウから入ってくる鉄道は無料で運行され、避難民はここまでくれば、ポーランドなどに向けた無料のバスが出ている。その順番を待って数日滞在すれば、避難先に脱出できる段取りが整えられていた。

駅の外には、避難民を受け入れるテントがたくさん並んでおり、みな市民のボランティアで運営されていた。食事や医療を提供するテント、ここから先の移動手段を案内するテントなど、家を追われて逃げてきた人たちのサポート体制がとられていた。

駅の構内は、臨時の避難所になっていた。ふだんは人が行きかうところに、簡易なマットを敷いて雑魚寝《ざこね》するような状態だが、駅舎の各部屋も女性だけ、子どもだけの特別宿泊所にするなどして、駅がそのままシェルター（避難所）として活用されていた。

ほとんどの人がトランクやキャリーバック一つを持つ程度で、ほとんど着の身着のままの状態で避難してくる。列車もぎゅうぎゅう詰めで、大きな荷物を複数抱えて乗り込めるような状態ではないのだ。着いてみると、すでに避難者に向けた様々なサポート体制が整っていたことは、到着した人たちの心をほっとさせたことだろう。

リビウの人口は約七二万人である。その規模の都市に、私が取材したときは避難民が常時約二〇万人はいたと聞かされた。それだけの人間の群れが、やってきては数日のうちにリビウから去り、次の二〇万人が流れ込んできて滞在する。想像もつかないスケールで、人間の大移動が起こっていたのである。

私が取材に入った時点でも、国外に脱出した避難民は三〇〇万人を超えていた。七カ月を経た一〇月現在で、国外避難民は一四〇〇万人以上とUNHCRが発表している。

それだけの人間が滞在できる宿泊施設は、もちろんあるはずもない。避難所は都市の至る所にあり、学校や劇場などもすべて利用された。ボランティアの市民が、寝具や簡単な食事を用意して、数日の滞在が可能なように整備して待っているのである。

リビウは、いわば国外避難者のハブ（中心）であり、様々な支援物資、援助物資がこの都市に集まってくる。ここで仕分けされ、種類によっては現地で使われ、ロシア軍侵攻の危機にさらされた首都キーウなどウクライナ各地に向けて東に運ばれていく物資もあった。

リビウ駅構内の避難民たち（2022.3.10）

◆自分にできることで国の役に立ちたい

リビウ中心部で、二〇世紀初頭に建てられた小さな劇場を取材した。第二次世界大戦でもナチスドイツからの避難所として使われたという。今度は八〇年近くを経て、皮肉にもロシア軍に追われた人たちの避難所として提供されることになった。政府や市から強制されたわけではなく、支配人がすぐさま開放を決断したという。

劇場にあるイスや小道具を使って簡易ベッドを作り、簡単な食事や飲料も準備されていた。いっぱいに入って四〇人くらいが収容できるらしい。しかし、避難民たちも一日中そこで休んで過ごしているわけではない。国内にせよ国外にせよ、安全な場所を求めて移動するべく、受け入れ先の友人・知人に連絡をとる、あるいは交通機関の席を確保する手続きなどのため、昼間はほとんど屋内にはいない。たとえばポーランドへ向かおうとする場合、席さえ確保できればすぐにでも移動する。ちなみにキーウからの鉄道も含め、国内の交通手段のほとんどは無料運行されていた。

しかし、この劇場で四〇名程度とすると、二〇万人という避難民をどうやって滞在させているのか。避難所によっては、十分に環境がよくないところもあるだろう。ホテルのようにネットで予約するわけにもいかないし、受け入れ側も選別している余裕はない。おそらく訪ねてきた人たちがいて、偶然空いていれば受け入れるという対応だったと思われる。

この劇場の支配人もそうだが、リビウを取材していて目の当たりにしたのは、戒厳令や国民総動員令はあるものの、市民が積極的な関与している光景だ。

女性たちが集まって軍用車両を敵の眼から隠すための迷彩ネットを手作りしているところや、「ロシアのｗｅｂメディアをハッキングし、ウクライナの現状を流したい」という若い男性ハッカーたちの取材もできた。

学生を含めた若い男性たちが集まって、屋内サバイバルゲーム場で元軍人の指導を受けた市街戦を想定した実践訓練も取材した。ボーイスカウトのメンバーと来たという学生の一人に聞くと、「自分たちはプロの兵士ではないので前線で戦うわけではないが、いざというときにリビウの街を守りたい」と悲壮感が漂っていた。彼らの目は真剣そのものだった。

この取材は三月一〇日だったが、その三日後、屋外で取材中にリビウで初めての空襲警報を聞いた。幸い、何事もなかったが、侵攻を受けた国の緊迫感が伝わる。

銃を持って前線で戦うことだけが戦争ではない。諸外国から支援物資が入る西部のリビウでは、これらを仕分けし、キーウ周辺の前線や攻撃を受けている東部地区に配送するのも重要な戦いである。市民ボランティアたちが、自分の持っているスキルで国や地域のために尽くしたいと、自ら考えて行動を起こしているのが印象的だった。けっして日本のお家芸である「同調圧力」などではない。

◆「自分の死より、国がなくなることの方が怖い」

リビウの鉄工所の三代目の若社長と知り合いになった。いつもはキッチンで使うようなスプーンや鍋などの台所用品や金型を製造する会社である。ところが戦争が始まると、ボランティアで「チェコのはりねずみ」の生産をはじめたという。

第二次世界大戦前のチェコスロバキアで開発されたという対戦車用の障害物で、鉄鋼を組み合わせて造る巨大な鉄骨の塊だ。本来は、人間の背丈ほどの大きさのものらしいが、この工場のものは小ぶりで、空気タイヤを狙った小さなマキビシも製作していた。

また兵士が首から下げる認識票であるドッグタグを、軍から発注されたという。通常は、名前、識別番号、血液型、宗教など兵士の個人情報を記す金属製のものだ。しかし、今回は緊急のため、兵士たちの名前ほかの情報を彫る余裕がない。数字だけが刻まれたドッグタグをたくさん造り、納めてほしいと頼まれた。

これから軍に志願してくる兵士のためのものだというが、もしこれを付けて戦死した場合、番号でしか記録が残らないのである。私は「名前のないドッグタグ」として、テレビ報道やウェ

ウクライナの鉄工場で造られた「チェコのはりねずみ」(2022.3.8)

ブ記事でも紹介した。兵士一人の存在が、数字だけになる現実に、やるせない思いを強く抱いた。

「あなたも前線に行くときがきたとしたら怖くないの？」

と若社長に質問を投げかけた。

「それはもちろん怖い。でも自分の死に対する恐怖より、この国がなくなることのほうがもっと怖い」

ウクライナはソビエト連邦の崩壊にともない、一九九一年に建国されたまだ新しい国である。若社長は、独立後の民主主義教育を受けた世代だ。ソビエト連邦の構成国家だった社会主義時代と今の国が、いかに変わったかをよくわかっているからこその言葉だろう。ここでロシアに支配される国に戻ることは、死ぬより怖いというのである。

また、あるビール醸造所のオーナーは、戦時体制で酒類の販売が禁止されたため、ビールの代わりに火炎瓶の製造を始めた。火炎瓶は第二次世界大戦開戦直後、ソ連に侵攻されたフィンランドが初めて使用したとされる。「モロトフ・カクテル」と呼ばれ、ロシアに対する弱者の抵抗の象徴でもある。

このラベルがふるっており、裸の王様として玉座に座ったプーチン大統領が、「プーチンの犬」といわれるロシアのメドベージェフ前大統領を右腕に抱いているイラストが描かれている。話を聴くと、これはわざわざ火炎瓶のために作ったのではなく、二〇一四年の東部ドネック州、

名前のないドッグタグ（2022.3.9）

ルガンスク州へのロシアの武力介入、クリミア併合のときにはビールとして販売していた商品のボトルだという。

これをロシアの戦車部隊に対して投げつけたとしても、全く効果はないだろう。しかし、あくまで抵抗したという証《あかし》が大切なのだ。近くでは、希望者を募って火炎瓶を投げつける訓練も行なっていた。あくまで爆発物なので、扱い方を知って練習しないと投げられないのである。

◆地域防衛隊の検問所で、何度も止められる

リビウに二週間ほど滞在して取材もひととおり終わり、首都キーウへの移動をどうするかという話になった。列車はもちろん動いており、しかも非常事態なので無料運行されている。避難民を乗せてきた列車は、帰りには物資を乗せる程度で乗客はほとんどいない。だが撮影のための荷物も多く、到着してキーウ駅からタクシーが拾えるような状況かどうかもわからない。そこで、車をチャーターして移動する選択をした。

リビウからキーウまでは、八時間から九時間かかった。通常なら五、六時間で到着できる計算である。キーウの西側にロシア軍との戦闘地域が広がっていたため、迂回して南側からキーウ市内に入るルートをとることになったことも影響した。

ビールとして売られていた瓶で作った火炎瓶（2022.3.8）

さらに、幹線道路のいたるところに検問所があった。検問所はほとんど村単位といっていいほど設置され、その場でプレス（取材）であることを説明する。面倒だが、通過するときにどのルートなら安全かを教えてもらうことができたので、その点は助かった。

ウクライナの村々には、テリトリー・オブ・ディフェンスと呼ばれる地域防衛隊が警備にあたり、散弾銃や猟銃やAK―47（自動小銃。カラシニコフ）などで武装している。軍隊でも警察でもない、まさにボランティアの合法的な自警団なのである。当然警察とも連携している。

日本に置き換えて例えると、神奈川県とか横浜市とかそういう大きな行政単位ではない。横浜市なら戸塚区、保土ケ谷区のそれぞれに地域防衛隊がいて、彼らの検問所でいちいち止まってチェックを受け、通過しなくてはならないのである。

旧ソ連の一部だったウクライナでは、連邦崩壊後の一九九一年に独立国家になってからも、歴史的に徴兵制度が続いていた。二〇一三年には徴兵制度廃止を実現したが、二〇一四年のロシアによるクリミア併合によって再び徴兵制が復活していた。つまり老いも若きも武器の扱い方を知った者が各出身地に帰って暮らしている。彼らはロシア製のカラシニコフくらいなら、簡単に扱えるのだ。

もちろん個人が銃を所有するには国の許可が必要だが、私が現地で聞いたときには、以前は申請してから許可が降りるまで一カ月近くかかっていたが、いまは一週間くらいだと話していた。リビウでは、どこの銃砲店でも銃を求める人で行列ができていた。おそらく猟銃や散弾銃の類が買われているのだろうが、それで最低限自分たちの身を守るというわけだ。

◆プレスとして戦場で取材するとき

ここで、報道関係者として戦争の取材をする手続きについて話しておきたい。

マーシャル・ロー（戒厳令）下にあって、絶対に必要なのが「軍の許可証」である。ジャーナリストが戦闘地域で取材できるか否かの判断は、すべて軍に権限がある。

今回の場合、ロシアの侵攻当初の申請期間は数日だったというが、私が入った段階では一週間かかった。一緒に行った相棒のカメラマンは、同時に申請したのに三週間かかってしまった。各国のプレスの申請が殺到していることもあるだろうが、くじ引きみたいなもので、運の要素が大きいと感じた。最初に入ったリビウでの滞在が長くなった一因もそこにある。

軍の許可証を持たないで検問を通過できるのか一抹の不安があったのだが、キーウがロシア軍によって陥落するかもしれない瀬戸際だったので、キーウへの移動を決断。そうなると村ごとにあるといえるほど細かく点在する検問を、どう突破するかということになる。

止められて追い返されるリスクはあったが、私には許可証が降りていたので、私のカードを見せて「同僚だ」と言うと通過させてもらえたのはラッキーだった。キーウに着いてしばらくしてから、相棒にも無事に許可が出て取材活動になんとか間に合った。軍の許可証がないと、実際の戦闘や空爆が行なわれた地域まで入れないし、キーウ市内の移動もやっかいだった。

ちなみに申請といっても、軍の窓口のようなところで並ぶわけじゃない。完全にネット申請である。問い合わせの電話番号も書いてあるが、まったく出ない。ひたすらネット経由でがんがんアクセスするしかない。

二〇一六年にドネツク州に入ったときは、親ロ派勢力側に申請して現場入りしたので、手続きも違った。今回の戦争では親ロ派は西側諸国のメディアには許可を出さないといわれているが、そのときはそうでもなかった。私も当初はロシア側の取材コーディネーターにも連絡したものの、「絶対無理だ」と言われた。完全な報道管制である。

これまでの戦場の取材では、最前線まで同行するケースの方が多かった。今回は逆にまったく行かせてもらえなかった。交戦地域に行けるケースは、取材許可をもらった側が優勢で、勝ち戦かせいぜい五分五分のケースが多い。ウクライナ軍は頑強に抵抗していたとはいえ、ロシア軍の猛攻に耐えている状況で前線に取材陣を連れて行く余裕が、ウクライナ軍になかったのかもしれない。

次章で詳しく書くが、キーウにいても巡航ミサイルは飛んできたし、死のリスクはつねにあったが本当の前線とは違う。とはいえ、近くに着弾すると振動や爆風の圧力が如実に伝わってくる。

二〇〇〇年に就任したてのプーチン大統領がチェチェン共和国の首都グロズヌイに行なった空爆は、一方的な絨毯《じゅうたん》爆撃だったし、二〇〇三年のイラク戦争では、アメリカが巡航ミサイルで首都バグダッドを奇襲空爆し、地上部隊で一気に制圧してしまった。

今回の場合は、首都を空爆して戦闘力を無力化する手続きはとらず、ロシアの大戦車部隊が電撃的に侵攻してきた。ウクライナ軍は専守防衛で頑張っているが、イニシアティブが敵方にある現場では、何が起こるかわからない。

第2章

空襲警報と砲撃のなか、ウクライナは一つになった——首都キーウ

◆砲撃された商業ビル、老夫婦の崩れたアパート

キーウに入ったのは、三月一九日である。リビウは〝準戦時体制〟といった状況だったが、こちらは完全な戦時体制だった。都市を中心に半径二〇キロから二五キロの都市圏全体が戦争のなかにあった。爆撃音も銃撃音もよく聞こえたし、けたたましい空襲警報が日常的に鳴り響いている。

キーウ市の中心部では、政府から何か危険情報がくるのだろうか、昨日まで入れた場所が閉鎖になっていたり、気づいたら解除されていたりなど、日によって立ち入り禁止区域もめまぐるしくかわった。首都の防衛や検問に関しては、ボランティアではなく、軍と警察がすべてを仕切っていた。

商業地域を歩いてみると、生々しい砲撃の傷跡が残されていた。ビルは砲撃によって崩れ、瓦礫《がれき》が繁華街の路上に散乱していた。高層オフィスビルや商業ビルもミサイルや砲撃で崩れた建物が、ところどころに見られる。

しかし、ロシア側はこうした民間施設を狙った攻撃を「自分たちはやっていない」と一切否定している。ウクライナ軍の自作自演ということらしい。ロシアのラブロフ外相の頭の中身を見てみたいものだ。

街なかは、レストランも営業していないし、酒屋も休業しているからホテルで寝酒もできない。私が滞在したホテルでは、マネージャー（支配人）とその家族とホテルを維持する上での技術的なスタッフ四、五人で回していた。ホテルマンのような接客系の従業員はいない。もっとも私たちで貸し切りのような状態で、他に宿泊客はいなかった。館内の電気は消され、食事は朝食しか出ない。マーケットは空いてはいても、缶詰のような日持ちのする加工食品での食事が毎日続いた。

食料はまだ何とかなっていたが、決定的に不足していたのはガソリンだった。スタンドには給油を待つ車の長い列ができていた。取材を都市郊外に広げようとすると、どうしても車が必要になる。給油が大変だったのに加え、価格もどんどん高騰した。政府の介入で高騰を抑えこんでいたが、市内にとどまっていた住民には重い負担だっただろう。

またキーウ市内から出るのはわりと簡単なのだが、入るときは検問の数がものすごい。日によって異なるものの、中心部に戻るまでに一〇カ所ほどで止められたときもあった。軍の許可証を持ったジャーナリストだから、車の中まで調べられはしなかったものの、検問の煩わしさと大渋滞して車がまったく進まないのには閉口した。

市の周辺の住宅街を取材した時に、砲弾かロケット弾が着弾して崩れた集合住宅（55頁写真）で、住民の老夫婦に話を聴くことができた。車で移動した時の感覚的な距離感でいうと、キー

У
АВТОШКО

キーウ中心部の商業地域も破壊された（2022.3.19）

ウ中心部を新宿とすると、阿佐ヶ谷くらいに位置する団地である。

朝の四時半、突然すごい爆発音がして目が覚めたという。この集合住宅は、ほとんど年金生活の高齢者が入居しており、若い世代はもう少し中心部に住んでいる。

左下の写真のご夫婦だが、この惨状である。上の奥さんが顔を出す窓からL型に通っているのはガス管で、ここに被弾していたら大爆発を起こしていたという。心配して駆けつけた息子さんがこの状況を見て、「親父、不死身だな」と言ったそうだ。

さらに興味深いことに奥さんはロシア人で、ロシア政府から年金をもらっているのだ。これを聞いただけでも、ロシアとウクライナが、国民レベルでのつながりがどれだけ深いかがわかる。民間人の住宅や避難施設も砲撃しているロシア軍は、自国民もそのなかにいることに、どうして想像力が働かないのであろうか。

ご夫婦の部屋のなかも見せてもらったが、窓ガラスは大きく割れ、直接被弾はしなかったものの、部屋の壁には砲弾による細かな破片が無数に刺さっていた。

◆地下鉄ホームで暮らしつつ、オンライン授業

首都キーウでは、約三〇〇万いた人口のうち、すでに約一〇〇万人が脱出していた。周辺地

砲撃された郊外の白いアパート（2022.3.19）

崩れたアパートの老夫婦（2022.3.19）

域も含め、集合住宅など軍事施設ではないものまで無差別に砲撃されていた。飛び散ったロケット弾の破片を手に取った老人の、

「これはプーチンからの贈り物だよ」

という皮肉をこめた言葉が忘れられない。

キーウの地下鉄構内には、たくさんの人々が避難生活を送っている映像がテレビなどで流れた。現地で話を聞くと、キーウ中心部の避難者はじつは少ない。周辺地域からロシアの砲撃の激しさに耐えかねて、首都中央の地下深い場所に逃げ込んできた人たちだ。

都市の中心部にも砲撃は加えられていたが、じつは周辺よりもリスクは低かった。先ほどの老夫婦のアパートではないが、ロシア軍は首都に近づきながら進軍しつつもウクライナ軍に阻まれているわけだから、遠方から激しく砲撃してくる。

地下鉄にやってきた人たちは、たとえれば練馬区や杉並区から新宿駅の広い地下鉄ホームに避難してきたイメージである。

旧ソ連時代に造られた核シェルターを兼ねた地下鉄駅は、深さは一〇〇メートルを超えている。日本一深い地下鉄の駅・都営大江戸線の六本木駅のホームが四二・三メートルというから、倍以上の深さである。西側諸国からの核攻撃を想定して作られたシェルターを兼ねた駅にもかかわらず、皮肉にも今は西側からではなく、ロシア（旧ソ連）の攻撃から身を守るため、多く

地下鉄構内に避難した人たちのテント（2022.3.25）

の市民が避難を余儀なくされている。しかし、安全性は文句なしである。

キーウの地下鉄に逃げ込んで暮らしていた人たちは、ロシアがキーウ侵攻をあきらめるまで、何週間にもわたって暮らすことになった。それにしても、見ず知らずの人が寄り集まってきたのに、まるで以前からのご近所のように秩序立ったコミュニティが形成されていたのは意外だった。

子どもを連れて地下鉄に避難してきた女性たちには、侵攻が始まってすぐに逃げ込んできた人が多い。地下鉄は四〇分～一時間に一本動いていたが、上下線のホームの一つは、車両が停めたままになっている。最初に来た人は、明かりがついていてイスがある車両の中を選ぶ。その後は、ホームにテントを持ってきて場所を確保できた人たちが暮らす。要するに早いもの勝ちなのだが、場所の取り合いなど、もめ事が起きた話は聞かなかった。

地下鉄ホーム生活で何がつらいのか、テント生活をしている女性に尋ねてみた。暖をとれないこととシャワーを浴びられないことだと教えてくれたのだが、攻撃が少しでも収まったころを見計らって自宅に戻って浴びてくるという。

ホームを歩いていると、多くの子供たちを見かける。ロシア軍の射程圏内の住宅で生活していると、自分たちの家に砲弾が飛び込んでくるかもしれない恐怖と、激しい砲撃音で子供たちが怯《おび》えるので、砲弾が届かない地下で生活する方が精神的に落ちつくのだと母親が話してくれた。

避難生活が落ち着いてくると、地下鉄構内はWi-Fiも飛んでいるし、学校のオンライン授業が始まった。ミサイルが飛来するような状況下でも、教育を遅らせるわけにはいかないと、学校が授業を始めたのだ。

あれほど切迫した危機のなかにあっても、水道や電気などのライフラインはもとより、インターネットなどのＩＴ関連のインフラが維持されていたことに少なからず驚いた。ただ灯火管制が出されていたのだろうか、夜は真っ暗闇だった。各家庭でも自主的にカーテンを閉め、明かりが漏れないようにしていたという。電力会社が電気代の収入が落ちて困っているという記事が出ていたほどだ。

首都キーウをはじめ、大規模な攻撃を受けなかった都市では、行政のシステムもしっかりと稼働しており、電気、水道、ガスなどのライフラインも日常と変わらないレベルで維持されていた。

◆周辺地域で略奪行為をするロシア兵と軍紀の乱れ

一方でキーウ周辺の小さな町や村では、ロシア兵による略奪行為が頻繁にあったと聞く。私が経験者から直接聞いたのは、ロシア兵が突然自宅に入ってきて、携帯電話で国許《くにもと》の妻に連絡し出し、「この家にはこういうものがあるんだが、お前は何がほしい？」と会話していたという。彼らはやってくると、冷蔵庫、洗濯機、エアコン、化粧品から子どものおもちゃまで、何でも略奪していったという話を他にも聞いた。

略奪行為を働くロシア兵たちは、トラック一台に五～六人が乗ったチームでやってくる。家に押し入ると、金になりそうな物はすべて奪っていく。農家からは、外にあるトラクターまでトラックに乗せて持ち去ったという。

持ち出す先は、ロシアとの緊密な同盟国ベラルーシだ。兵士たちはそこから盗品を自宅に宅配便で送るか、または略奪品を売買する闇市場で売りさばく。トラクターなどの大型のものは、宅配便では送れないので、最初から密売目的なのは間違いない。欧米の各国メディアが報じている有名な話である。

ウクライナは農業国なので、最新型のトラクターがたくさんある。それを略奪して持ち帰るのだが、最近ではGPSがついていて、追跡すると自分のトラクターは今、チェチェン共和国にあるという。ロシア軍にはチェチェン人の傭兵部隊が参加しており、そのような略奪行為、蛮行の多くにも関与したと思われる。

それにしても個人の携帯電話で兵士が家族と会話すれば、会話内容を盗聴するのは簡単なことだ。さらに電波を発していれば、GPSで位置を特定されてしまう。一兵士が任務中に携帯の電源を入れるのは厳禁のはずである。軍紀のタガが外れているとしか思えない。

アメリカのニューヨーク・タイムズ紙が、ロシア軍は開戦からわずか二カ月余で少なくとも七人の将官が死亡したと報じて話題になった。ロシア軍は旧式の無線や携帯電話を命令系統の主な通信手段にしていたという。

通常なら軍特有の暗号化された通信手段を使うものだろうが、ロシア軍は短期戦を想定していたためか、通信についての対策がお粗末すぎる。当然、高度な通信にはそれなりの通信機器と、使いこなす通信技術を持った人材の帯同が不可欠である。スマホで軍の命令系統が運用されていたとしたら、あまりに杜撰《ずさん》としかいいようがない。

戦争が始まった当初、丸腰でロシア軍の戦車の前に立ち塞《ふさ》がったウクライナ人たちの姿が、何度かテレビで流れた。ロシアの兵士たちの多くは、「ウクライナの人民がネオナチの抑圧からの助けを待っている」という嘘の情報を聞かされてきたらしい。それが実際に街に入ってみると、解放者として歓迎されるどころか、市民からも「出て行け」と非難される。話が違うじゃないか、と思った兵士も多かったはずだ。

また、キーウ郊外の自宅に住む人の何人かに聞いたが、家に入ってきたロシア兵がまず言うのは、「何か食い物ないか」だったという。略奪目的ではない普通の兵士は、腹を空かせて戦っていたのである。兵站《へいたん》が機能せず、補給がなかったのだろう。食糧が現地調達というのは、第一次、第二次世界大戦でみても最低の作戦ばかりだ。

略奪が横行したのは、次章で扱うロシア兵による残虐行為のあったブチャやイルピンよりも、周辺のさらに小さな都市や村落だった。都市では、おおっぴらな略奪行為は、人目につきやすいのでやりにくい。

その後の報道では、ウクライナから略奪した穀物をロシアが中東に売りさばいていた事実も発覚した。現場の兵士の暴走だけではない、国家としての略奪も今後明らかになってくるかもしれない。

◆「市民生活」を狙った攻撃と大女優のメッセージ

ロシア軍は、侵攻した当初は軍施設などをピンポイントで攻撃していた。しかし早い段階で、市民生活に直結するインフラや、人々の胃袋をまかなう食品工場、マーケットを意図的に狙うようになった。避難所になっていた学校や病院も砲撃を受けた。

「人道的な戦争」なんてないのかもしれないが、開戦まもない段階から市民生活の破壊を目的にするというのは常軌を逸している。市民生活をひっ迫させ恐怖を植えつけることで、戦争

キーウ郊外にある破壊された冷凍食品工場（2022.3.28）

の長期化に耐えられなくしようというのだろう。ここにも短期決戦の構想が崩れたロシア軍のあせりが透けて見える。

キーウ郊外にある巨大な冷凍食品工場が破壊された現場に行った。ここから一日に何十万食をキーウ市民に提供できる工場だったという。数発のミサイルを撃ち込まれて完全に破壊されていた。

こうした取材の過程で、キーウに住むいまは八四歳になる旧ソ連映画に多数出演していたウクライナの国民的女優アダ・ロゴヴツェアさんのインタビューをとることができた。今も現役で活躍されているが、ロシア軍の侵攻によって残された時間が少ない自分が、大好きな女優の仕事を奪われたと話してくれた。

彼女は今回の戦争で「ロシアには幻滅した」と語っていた。ロシアが明らかにウクライナに対して変わったのは、八年前（二〇一四年）のユーロ・マイダン革命のころからだと話しながら、それでも自分が長く映画や舞台で活動してきたロシアへの愛着は捨てられなかったという。

「ウクライナは自分の独立と自由のために立ち上がっています」

国としての尊厳を守るために戦うウクライナの姿勢を、ロゴヴツェアさんは全面的に支持していると話す。実際、彼女は自宅を開放し、ウクライナ軍の兵士のために食事や入浴の場として提供している。

彼女の自宅の室内の壁には、兵士たちが感謝のメッセージを書いた大きなウクライナの国旗がたくさん貼られていた。

「全員が勝利のために、わずかでも貢献しようとしています。この侵略によって、ウクライナ国民は団結したのです」

そう語るロゴヴツェアさんは、今後はウクライナ軍の兵士をねぎらうコンサートを開きたいと計画を教えてくれた。リビウのボランティアの活躍からも理解していたが、ウクライナの軍も市民も一体となった「国を守る」という揺るぎない決意を持って闘っている。

◆大統領の覚悟がウクライナ国民を一つにした

ゼレンスキー大統領は、侵攻翌日には首都キーウから、「私たちはここにいる。国の独立を守る」と映像で声明を発表し、徹底抗戦を表明した。開戦当初は、ゼレンスキーに対し、米英から「無事脱出させ、亡命政権樹立を支援する」という表明もあった。しかし彼が予想に反して断固として立ちはだかったことで、戦争の行方が変わった。国民の恐れや不安に対し、自らの命をも領土防衛のために差し出す覚悟を示したことで、多くのウクライナ国民の不屈の魂を呼び起こした。

ゼレンスキー大統領の支持率は、ロシア軍の侵攻前は四一％ほどだったが、侵攻直後には九一％に跳ね上がった。アメリカやNATO諸国からの最新兵器の供与や情報提供はもちろん重要だが、一人の指導者の覚悟がウクライナに想像を超える善戦を可能にさせたのだと思う。

侵攻前から国外にいた男性、家族を送るために国境のリビウまでやってきた男性が、キーウ方面に戻っていく様子がメディアで報道されていた。国を守るために安全なところから戦場に引き返すというのは、平和な日本にいるとわかりにくい感覚かもしれない。

ウクライナの国民総動員令には、罰則規定はあるのだろうか。あったとしても、一定数は逃げ出す人はいるだろう。出ない方がおかしい。しかし、現地に残って「国のために何か役に立ちたい」と考えている人の方が多いのは、取材を通じて感じることができた。

ウクライナは、一五世紀にロシア南部からウクライナの草原地帯で形成された戦闘集団「コサック」発祥の地である。もとはタタール人ら遊牧民の奴隷狩りに対抗するための自衛集団であり、一六世紀にはドニプロ（ドニエプル）川下流のザポロージャ地方に移住した。

当時ウクライナを支配したポーランド王国の圧政に対しては、何度となく反乱を起こした。ウクライナ人には、こうした戦士としての民族の血が流れている。コサックは敵の攻撃を受けたときは、まず女性と子どもを避難させ、男が残って戦ったという。はからずも、いまの状況はコサックの戦いと同じである。

キエフ＝ルーシ公国時代の 11 世紀に建立されたソフィア大聖堂
（2022.3.22）

しかし、そもそもの歴史をたどれば、ロシア、ウクライナ、ベラルーシは九世紀から一一世紀まで栄えたキーウを首都とするキエフ＝ルーシ公国をルーツとしている。民族も同じ「東スラブ系」である。兄弟同士で殺し合っているのだ。

◆三月末にロシア軍が撤退、少しずつ日常が戻る

アメリカCNNの四月一日の報道で、ロシア軍がキーウ近郊のアントノフ国際空港から撤退したという報道があった。その後、四月二日にキーウ州ブチャ地区の中心都市ブチャと隣のイルピンの両都市を完全掌握したとウクライナ軍から発表があった。

この二都市とその周辺地域はロシア軍に蹂躙《じゅうりん》され、ウクライナ検察の発表によると、四一〇人の民間人の遺体が発見されたという。私たちも軍の案内で四月から現地入りすることになった。わずか車で三〇分ほどの場所である。

この情報がキーウ市内に周知されると、ロシア軍の突入がなくなった安心感からか、街の雰囲気はガラッと変わった。

お酒がらみの話で恐縮だが、ロシア軍が撤退しはじめた情報は、三月三〇日以降には広がっており、キーウでも酒類を販売してもいいことになった。ただし一一時から一六時までと決まっ

ている。

私などは取材から帰るのが遅いから、マーケットでの買い物をその時間帯にはできない。時間規制を忘れてウイスキーなどの酒を買い込んでレジに持って行くと、「四時以降はダメです」と断られてしまった。酒飲みの私はショックを受けたが、これは正しい対応だ。戦時下でも、いやだからこそかもしれないが、せっかく稼げるところにもかかわらず、国のお達しを厳格に守っていた。

それでも市価の三、四倍もするヤミ酒を売って、火事場泥棒的に稼ごうとする輩《やから》はいた。と思うと、一方では「自分は大酒飲みだったけれど、戦争が終わるまでは一滴も飲まない」と話してくれる中年男性もいた。人それぞれではあったが、大戦車軍団に蹂躙されるかもしれない恐怖が去っても、公共のルールを守って生活しようとする人たちが多い。ウクライナ国民の民度の高さの表れではないだろうか。

戦時下においても行政が厳然と機能し、秩序を維持していることが強さの一因ではなかろうかと思う。それとは正反対なのが、ロシア軍の無法、無秩序。統制に欠けた軍が統治などできるわけがない。

キーウには、集合住宅にも地下シェルターがたくさんある。私が取材した集合住宅では、住民の親類縁者でなくても、近隣のたくさんの人たちが集まって生活していた。来た人は入れる限り受け入れていたのだ。集合住宅の住民は、「赤の他人とシェルターでシェアして暮らすなど、今までは考えられないことだった」と話してくれた。

　東京の人間関係に置き換えてみたい。都市の人間はどうしても自分の生活や楽しみ、実現したい夢、自分の財産には熱心だが、他人にはまったく興味がない。とくに都会のマンション暮らしとなれば、隣人の顔も知らないことも多い。

　それが生命の危機にさらされると、このように団結できるのだ。東京が同じような軍事侵攻に遭うことは今のところ考えられないが、日本人も首都直下地震などの非常時に、キーウ市民に負けない団結と結束、助け合いを示せると信じている。

　ロシア軍がキーウ近郊から完全撤退したことで、あの窮屈なコミュニティも解消され、それぞれの生活に戻ったことだろう。しかし、その後もミサイル攻撃のリスクは続いていたし、空襲警報も鳴り響いた。国の戒厳令や国民総動員令も続いている。

　何よりロシア軍幹部は、軍事目標を東部の「ドネツク、ルガンスク二州全域の解放に注力する」とし、戦力を糾合して東部制圧に切り替えている。国がいまだ戦時体制のなかにあることには変わりがないのだ。

第3章

ロシア軍の市民を狙った破壊と殺害の現場を見た──「ブチャの虐殺」

◆橋を爆破し、歩いて川を渡る一般市民を銃撃した

キーウ市内で取材していたころ、一日に四〜五回は空襲警報が鳴って、砲声が北や西から聞こえていたし、遠くに曳光弾《えいこうだん》の光の筋が飛んでいった。ロシア軍とウクライナ軍が激しく戦ったのが、西に三〇キロほどに位置するキーウ州ブチャである。車で順調に走れば、約三〇分ほどである。キーウ中心街にまで響いてきていたのは、ブチャやイルピンを含むこうした周辺の交戦地域のものだろう。

人口三万人ほどのこの都市では、「ブチャの虐殺」と呼ばれる住民の大量虐殺があったとされる。「あったとされる」として断言しないのは、ロシア当局が関与を一切否定しているからだ。先に紹介したウクライナ検察の発表も、「四一〇人の民間人の遺体が発見された」としか言っていない。ロシア兵がやったと断定するには、殺人事件でいう「検死」が必要だからだ。

ブチャに入って、私自身も、銃殺されて焼かれた遺体が、袋にも包まれずに放置されているのを目撃した。さらに多数の遺体が埋められていた事実もあり、焼くとか埋めるという行為が虐殺の証拠隠滅のためだとは想像はできる。ただこの文章を書いている段階でも調査・検証中であり、ロシア軍の仕業と断定することはまだできない。

ブチャから近い人口六万の都市イルピンでも、多くの住民が虐殺された。ブチャでもイルピ

ロシア軍に破壊された避難民たちの車列（イルピン）（2022.4.1）

ンでも、火急の対応として犠牲者を埋葬した集団墓地があちこちに造られていた。しかし、民間人虐殺というロシアの戦争犯罪を立証するため、袋に入った遺体はウクライナ当局によって掘り起こされる。調査して殺害時の状況を特定し、記録する作業が続いている。司法解剖され、死因は銃殺なのか、砲弾の破片によるのか、ほかに非人道的な虐待行為の痕跡《こんせき》はないかなどを調査するのである。

私が四月一日に最初に向かったのは、ブチャへの途中にある都市イルピンである。キーウから約二五キロ、そこからブチャまで五キロほどである。

イルピン市内に向かう途中で、まず目の当たりにしたのは、川に架けられたキーウに向かう橋が激しく破壊されている様子だった。これを落とされると、キーウ方面への脱出が不可能になる。

イルピンから車で脱出を試みた人たちは、ここまでくると先に進めず、車を乗り捨てて壊れた橋の上などを歩いて川を渡り、キーウ方面に逃れたという。

私が行ったときは、乗り捨てられた車の残骸が長蛇の列をなして放置されていた。爆撃を受けたのは逃げてきたときなのか、あとになって一斉に使用不能にするために破壊されたのかはわからない。

しかも、川を歩いて渡ろうとする住民を、ロシア兵が狙撃している。徒歩で逃げる一般市民を撃ち殺す意味がどこにあるのだろうか。この現場では、非道なロシア兵の行為を取材していたアメリカ大手メディアの記者も、狙撃されて何人か亡くなっている。

イルピンから命からがら逃げのびたという人に、話を聞くことができた。その人の話では、キーウまで一〇キロの地点に、避難してくる人たちを受け入れるステーションが設置されていた。そこには軍人も警察官も消防も救急もみな待機していた。

ステーションからは無料バスが出ていて、そこからキーウ市内に避難できた。そこで、衣服が煤《すす》でよごれ、手が焼けただれた高齢の女性に会った。彼女は自宅が砲撃されて火災が発生し、ようやく歩いてここまで来たと話してくれた。

イルピンの人たちが、すさまじい状況で逃げてきた惨状がよくわかる。私がイルピンに入ったのはロシア軍の包囲が解けて三〜四日後だったが、それまではまさに地獄の様相だったのである。インタビュー中にも砲弾の着弾音が響くと、老婆はビクッと身体をふるわせた。

◆無人の住宅街と、公園に立つ小さな墓標

イルピンの住宅街に入ると、一般住宅にも機銃の弾痕《だんこん》や砲弾の破片で細かな穴が壁にできていた。キーウでは巡航ミサイルや砲弾で破壊された建物ばかりだったが、ここには機銃を抱え

たロシア兵が実際に入り込んできていたのがわかる。

ロシア軍からすれば、首都キーウを攻めるには北西二五キロにあるイルピンを攻略して拠点にできるかが重要である。ウクライナ軍は激しく抵抗し、イルピンは守られたが、ひどく破壊された住宅街はもぬけの殻だった。

ある家からは、玄関から顔を出した大型犬が、主人を待って吠えていた。破壊され、人影が消えて静まり返った住宅街に、飼い犬の鳴き声だけがもの悲しく響いていた。

大型ビルが立ち並ぶメインストリートにも、通行する車も人の姿もなかった。ロシア軍は撤退するとき、手りゅう弾にワイヤーをかけ、ドアを開くと爆発するブービートラップや地雷を多数仕掛けていったという。これは後から来た者をなかに入らせないためであり、戦火がおさまっても住民がすぐに戻れない要因になっていた。

ある公園のなかに、木片を十字架型にしばった急ごしらえの小さな墓標があった。名前と生没年などが書いてあったが、埋葬した方の話によると、八〇歳くらいの女性がここで砲弾の破片を受けて亡くなった。

あまりにも危険な状況であったため、墓地まで遺体を運ぶことができず、この場に浅く埋めて墓標を立てたという。たしかに墓から数メートルのところに迫撃砲弾か何かの着弾した跡があった。

イルピンで主人が去った家に残された犬（2022.4.1）

これは稀《まれ》なケースで、多くの場合は遺体を処理しきれず、集団墓地にまとめて埋葬されていた。今、ウクライナの検察当局では、市民の遺体を集団埋葬した墓地を掘り起こし、司法解剖して亡くなった理由やその時の状況を検証している。

イルピンからブチャへ向かう高速道路も所々で車が大破しており、片側車線を何とか通行できるように整備してあった。ロシア軍の戦車が乗用車を踏みつぶして進んで行ったのか、ぺちゃんこにされた車の残骸が、いくつも見受けられた。

これらのクルマは砲弾によらなくても戦車に蹴散らされてこうなったと見られる。ロシアの戦車の大軍団が通過していったのがわかる。砲弾のなかでも何とか日常が維持されていたキーウとは明らかに別次元の戦火の中に、イルピンの市民たちは叩き込まれたのだ。

◆ブチャと周辺都市で行なわれた破壊と残虐行為

ブチャに取材で入ると、ウクライナ警察の立ち合いで六人の遺体が重なり合うように倒れている現場を見た。銃で殺害された全員が四〇代以下の家族だろうという。しかも証拠を隠ぺいするためか、燃やして黒焦げにされているのだ。

住宅の破壊の状態も、これまで見た中でもっともひどい。壁の上半分から屋根までが吹き飛

公園にあった高齢の女性の簡易的な墓標（2022.4.1）

ばされた家から、窓ガラスが割れ、子どもの遊具が家の前に並べられたままの家もある。退避するにしても、よほどあわてて自宅から逃げることになったようだ。

道路には、ロシア軍の焼けただれた戦車の車列が長々と続いていた。街に入らないようにウクライナ軍に食い止められ、破壊されたのだろうか。

生き残った住民たちに話を聞くことができた。

ある女性は、爆撃音や銃撃音が一日中響き、家の廊下に隠れて過ごしたという。戦車が家の庭にまで入って来て、住宅を破壊する様子を見たと話す人もいた。食べ物も底をつき、自宅の地下でずっと過ごしたという人、地下に避難した隣人が餓死していたと語る人もいた。攻撃は二週間にわたって二四時間休みなく続いたという。

ブチャでは、インフラの九〇%以上が破壊されたと聞いた。ある市民に、「水はどうしていましたか?」と尋ねると、「うちは井戸があったから大丈夫だった」と答えが返ってきた。取材した時期はまだ小雪が降るような寒さだったが、暖房も使えず、寒さに耐えながら過ごしたという。食糧は備蓄してあったので、なんとか大丈夫だったとのことだった。

ブチャの女性たちに会って印象的だったのは、みな顔はきれいに洗顔していたが、手を見ると一様に垢だらけの人ばかりだった。シャワーを浴びることができないのだ。ある女性は、寒い中で驚くほど薄着で取材に応じてくれた。自宅の中でロシア兵に見つからないように、ひたすら身を隠して住んでいたということだ。

私自身は行かなかったが、ブチャからさらに北西二五キロのボロジャンカという町は、ブチャ以上の被害を受けたとされる。砲撃により倒壊した大規模集合住宅の下に、何百人という住民が埋まったままの場所が残っているという。銃を持って自宅に押し入ったロシア兵に、子ども部屋から何から滅茶苦茶にされた話、瓦礫《がれき》の下敷きになった人を助けようとすると、ロシア兵に「やめろ！」と銃を向けられた話などを聞かされた。

また人口わずか一万七千人ほどのホストメリ市は、国際貨物空港であるアントノフ国際空港があり、開戦当初にロシアの空挺部隊が電撃的に占拠したものの、ウクライナ軍に包囲されて全滅した激戦地だ。しかし、軍が交戦しただけではなく、住民も多数犠牲になった。しかも解放されるまでの三五日間で、四〇〇人以上の「遺体」が行方不明になっているという。地元当局は、ロシア軍が残虐行為の証拠を隠滅するために、どこかに遺体を持ち去った可能性があると指摘する。

名前が知られているイルピン、ブチャのほかにも、その周辺の小さな町や村落でも、市民の住宅やインフラ設備への破壊行為、住民に対する残虐行為は枚挙にいとまがないほど行われていたのである。

◆略奪してから、わざわざ派手に破壊する手口

ブチャで、スーパーマーケットを取材した。

砲撃を受けてぐちゃぐちゃになっている店内には、商品の残骸がまったくない。ロシア兵が事前に押し入って略奪していったのだろうか。ここではないが、キーウ近郊の店内を荒す映像が防犯カメラに残っていることからも想像できる。

ロシア軍は補給が不十分であるため、占拠した先の食料を奪うことで空腹を満たしていたのだ。以前に触れたが、自宅に入ってきたロシア兵が「食い物はあるか」と言ったという話はブチャでもあった。破壊行為や残虐行為の前に、先立つものは食べものである。

しかし、腹が満たされれば、ロシア兵は一般市民の住宅でも略奪行為を始める。ある集合住宅では、住民全員がシェルターのなかに押し込められ、「外に出たら殺す」とクギを刺された。その間に各戸を回り、貴重品などの金目のものを物色し、奪い去った後は滅茶苦茶に破壊していくのだ。

ロシア軍が去った後も、ブチャの住民の食料難は深刻だった。ボランティアが入ってパンの配給などを始めていたが、一つのパンに多くの住民が手を伸ばして欲しがっていた。私が入ったのはロシア軍が撤退してから間もなかったため、今では食料事情はずいぶん改善しているだ

破壊しつくされたブチャのスーパーマーケット（2022.4.4）

ブチャでパンの配給に群がる人々（2022.4.4）

ろう。ウクライナの冬は厳しい寒さに見舞われる。ロシア軍は継続してウクライナの電力施設など市民生活に必要なインフラに、ドローンや巡航ミサイルで執拗《しつよう》に攻撃を仕掛けている。生き残ってから、「生き続ける」戦いが待っている。

◆見たこともないような大量の戦車の残骸

ブチャの街では、住宅街に破壊されたロシアの戦車の残骸がたくさん見られた。アメリカの歩兵携行式多目的ミサイル「ジャベリン」や歩兵用の対戦車ロケット砲が十分に供与され、一気に劣勢の戦局が挽回された時期にやられたのだろう。

今回のウクライナ侵攻で、ロシアは大量の戦車を投入したが、ミサイル攻撃を受けると上部の砲塔部分が吹き飛ぶため、「ビックリ箱」と揶揄《やゆ》された。ロシアの戦車は、なるべくコンパクトに作って被弾のリスクを回避し、さらに鉄道で数を輸送できる便を図った設計思想のため、とくに砲塔が弱いという。

欧米の戦車なら「ビックリ箱」にならないと断言はできないが、これまで四〇年以上にわたって世界の戦場や紛争地域を取材してきたが、ブチャでもイルピンでもこれほど大量の戦車の残骸を目の当たりにしたのは初めてだった。

戦車という兵器そのものが、今の時代の戦争に合わなくなってきているのではないかと考えさせられた。

戦車は一台一億数千万円から一〇億円する上に、乗員が最低三名は必要だ。今回の戦争で有名になったアメリカが供与した「ジャベリン」は、六八二〇万円である。砲弾は一発一七〇〇万円と高価だが、これは射手と弾薬手の歩兵二名で運用できる上、講習を受けてまもない射手でも九〇%以上の命中率を出せるという。武器としてのパフォーマンスは、比較にならない。

また、ドローンによる真上からの攻撃も、戦車には有効である。戦車の砲塔の部分は真上から攻撃されることを想定しておらず、装甲が弱い。商業用のものを改造したウクライナ製ドローン「R18」の戦果が話題となった。

◆記者が狙い撃ちになったイルピン、ブチャ

イルピンとブチャがロシア軍の支配下にあった三月一三日、両方でジャーナリストがロシア軍の手にかかって死亡する事件があった。

イルピンではアメリカの映像ジャーナリスト、ブレント・ルノー氏がロシア軍に狙撃されて

砲塔が吹き飛んだ戦車の残骸（2022.4.4）

死亡。ブチャではウクライナの写真家マクシム・レヴィン氏が近郊のモシュン村の森で消息を絶ったという。

レヴィン氏はロシア軍撤退後の四月一日に同行のウクライナ軍兵士と遺体で発見された。パリに本部がある国際NGO「国境なき記者団」（RSF）は現地調査を行ない、六月下旬にその死を「処刑」と結論付けた。頭部に至近距離から二発の銃弾を受けていること、また同行の兵士の焼死体は生きたまま焼かれたとし、実行犯のロシア兵の特定を急ぐとした。

ウクライナを支援する非営利組織インターニュースは、四月四日までの被害状況として、侵攻後のロシア軍によるジャーナリストへの犯罪行為は七四件にのぼり、銃撃などにより一八人が死亡、八人が誘拐され、行方不明者三名、負傷者一三名とした。

これほど短期間に戦場を取材中のジャーナリストが被害を受けるのは前代未聞であり、ロシア軍による組織的な〝口封じ〟であると考えざるをえない。

紛争状態のなかでの文民保護を規定した国連のジュネーブ条約では、ジャーナリストも保護すべき対象に入っている。また取材許可を出したウクライナ軍も、明らかに殺されるとわかっているほどの最前線までは行かせない。ロシアが意図的にジャーナリストに狙いをつけていることは明白である。

防弾ベストやヘルメットは私も持っているが、他のジャーナリストのように「プレス（PR

ESS)」という文字は記さないようにしている。その方が狙い撃ちにされる危険が低いからだ。

私が戦場の取材をはじめた一九八〇年当時は、ゲリラ戦だったこともあり、防弾ベストやヘルメットは必要なかった。一般化したのは、一九九二年のボスニア・ヘルツェゴビナ紛争あたりだろうか。着用しないと、国連機に乗せてくれなくなった。

二〇一六年に東部のドネツク州、ルガンスク州の取材でウクライナに入ったときは、親ロ派勢力側の許可で入っているので、軍からの監視がすごかった、不都合な情報をとらせないためだ。今回は、監視はもちろんされないが、まずCNNとかBBCとか世界の大手メディアが先に戦闘地域近くに入る。私たちのようなアジアのプレスは、そのあとでの取材になる。イラク戦争やイスラム圏の紛争の取材のときは、そうした優先順位は付けられなかったが、ウクライナ軍は影響力が強そうなメディアから優先していた。

これだけを見ても、現代の戦争では、メディア戦略がいかに重要になっているかがわかる。戦場取材ではプレスツアーといって、軍が各国のメディアを戦地に案内する時間がある。しかし戦争は情報においても総力戦だから、自軍に都合のいいようにしか案内しないのは当然だ。我々ジャーナリストもそこは彼らの思惑の裏を読んで、軍の意図をうのみにせずに客観報道を心がけている。

今回のウクライナ取材では、直接に身に危険がおよぶような状況には陥らずにすんだ。しかし、私がこれまでに取材してきた戦場と明らかに違うのは、これが地域紛争ではなく、第三次世界大戦にもつながりかねない世界史の大転換の現場だったことだ。

イラク戦争でもアフガン戦争でも、大国が直接介入した戦場はいくつもあった。しかしこの戦争は、当事者間の問題にとどまらず、世界中の国々に「ロシアを擁護するか、NATO諸国と協調するか」の二者択一を迫っている。「専制主義か、自由主義か」の選択といってもいい。直接は手を下さないまでもウクライナへの武器供与や支援は、かかわっている国の多さからいっても「世界大戦」といえる規模になってしまっている。

私はブチャの取材を終えると、四月九日には国境を越えてポーランドに戻った。日本には四月一三日に帰国し、三月四日に日本を出てからの四〇日におよぶ取材を終えた。

第4章
ジャーナリストとして、現地取材に思う

◆ソ連から独立して民主化された若い国

ジャーナリストが戦場の取材に入る場合、紛争地域にはそれをコーディネートする専門の会社や、「フィクサー」と呼ばれる戦場取材の段取り役の人間を探して依頼する。私もこの仕事が長いのでいわゆる紛争地域ならネットワークがあるが、ウクライナは違ったので最初は誰にどう頼んでいいかもわからず、困った。

それでも根気よく人づてに探していくと、ようやく西の玄関口のリビウまでは取材を組んでもらえるコーディネーターを見つけられた。

しかしその先、ロシア軍が大軍で押し寄せているキーウについては、〝出たとこ勝負〟だった。それでも取材者本人が動いていかなければ、何も変えられない。現地に行きさえすれば何とかなるものだ。

とはいえ現地に入ったジャーナリストの間でも、フェイクも含めて様々な情報が飛び交い、本当にたどり着けるのかはまったくわからなかった。

ただウクライナにも、日本外国特派員協会のような海外の報道機関やジャーナリストの取材に便宜をはかってくれるプレスセンターがきちんと整っており、様々な情報を得ることができた。

ブチャの戦車の残骸（2022.4.4）

リビウ駅ホームのウクライナ鉄道（2022.3.10）

ウクライナは一九九一年の独立までは、ソビエト連邦の構成国家だった。社会主義側の軍の許可で取材に入ると、「〇〇できますか？」と聞くと必ず「ダメだ」と言われる。なんでもまず、否定から入るのである。しかし、建国から三〇年以上を経て民主化されたウクライナでは、メディア対応もきちんとしていた。

また実際にウクライナ国内に入って実感したのは、若い人たちの国だということだ。指導者のゼレンスキー大統領からして、まだ四四歳である。開戦以来、家族と会わずに人や物資の輸送に尽力したウクライナ鉄道のカムイシンCEOは、なんと三七歳だ。

一方、プーチン大統領は七〇歳。ロシアの男性の平均寿命が六七歳であることからしても、いわゆる高齢者である。

社会の指導者層に三〇代、四〇代が立っており、ガチガチのソ連式教育で育った世代はもう後ろに引いている。青年時代に民主国家に移行したウクライナの教育を受けた世代は、みな西側文化の方を向き、多くの若者が英語を話せる。だからこそ、ソ連を引き継いだロシアの独裁的な体制に組み入れられ、親世代の時代に逆行することがいかに恐ろしいかを知っているのだ。

ウクライナをよくIT大国というが、さらに若い二〇代になると世界に目が向いていて、何カ国語も話せる人材がたくさんいる。なかでも意識の高い若者は、培《つちか》ったITスキルを活かして欧米諸国で働く夢を持っている。一方、旧ソ連時代の教育を受けた年代は、英語をまるで話せない人が多数派である。

◆理不尽な侵攻が、世代を超えた結束を生んだ

しかしこの戦争は、そうした世代間の違いを超えてウクライナ国民を結束させた。リビウやキーウのような大都市で話を聞くと、侵攻前は世代間のつながりはむしろ希薄で、この戦争が始まって団結が生まれたという。とくに年配層がそういう認識だった。

それに加え、ウクライナでは民間人の組織化が進んでいた。ロシアとの東部二州をめぐるドンバス戦争に対応するため、二〇一四年一一月に予備役や退役軍人、普通の市民でも参加できる義勇兵部隊「ウクライナ領土防衛隊」が創設されていた。二〇二二年一月、ロシアの侵攻が現実味を帯びてくると、ウクライナ陸軍の指揮下、施設警備や住民保護などで正規軍の支援に当たるべく再教育された。

八年前のマイダン革命の年に誕生した領土防衛隊が、国家の危機に際して有機的に組織化されていたのは、日本人的な感覚からすると理解しにくいかもしれない。防衛隊に参加している人たちは、何かのイデオロギーに突き動かされているのではない。あくまで「自分たちの土地を、家を、家族を守りたい」という思いで行動している。

ウクライナ人の結束を強く感じるのは、領土防衛隊に任せて他の市民は自分のことだけをやっているわけではないことだ。第1章でも述べたが、とくに戦火が及んでいないリビウでは、市民それぞれが自分たちにできることで緊急事態に貢献しようとしていた。

たとえば戦車を隠すため、布の端切れの迷彩ネットを女性たちが中心になって造り、前線に送っている。キーウに向けて検問所を通過するとき、軍用車両がそれで覆い隠されているのを複数の場所で目撃した。民間人の女性たちが手作りしたものが、ちゃんと現場の役に立っている。

侵略戦争下のウクライナの人たちの姿を見て感じたのは、彼らは自分たちの血で国を守ろうとしている。自分たちの今ある命よりも、未来につなげることを考えている。そのためにも、国をなくしたらすべてが終わってしまうと考えているのだ。

もちろんウクライナ人のなかにも、戦場に行きたくない、自分の好きにしていたいという人も一定数いるだろう。いない方がおかしい。しかし、この戦いは他国の領土を奪うためのものではない。侵略者から自分たちの住んでいる国を、地域や街を守るための戦いなのである。

こうした覚悟は、戦時中の日本の特攻隊精神とは違う。あの場合は、国によって半ば強制的に志願に追い込まれ、若い命を死地に追いやったものだ。少なくとも私が見聞した限り、ウクライナ市民に「国から強制された」という空気は感じられなかった。

迷彩ネットを編む女性たち（リビウ）（2022.3.7）

日本人は平和ボケしていて、このような侵略行為に遭っても立ち上がる人間なんていないだろうと言う人もいる。しかし同様の事態になれば、若い世代はやってくれると思う。幕末の黒船来航をきっかけに、地方の名もなき若い志士たちが立ち上がり、国を変えた前例があるではないか。

東日本大震災のとき、日本人の整然として規律と礼儀を重んじる姿が海外から称賛されたが、侵略という危機の渦中《かちゅう》に放り込まれれば、すぐに一つになれるのが日本人だと思う。もちろん自衛官と一緒に武器を携え、前線に行くという意味ではない。後方支援でも避難民の支援でもいい。できることで貢献するのである。

ただ現在の日本には、有事に対する備えがまったくない。戦後日本はそれで何とか済んできたが、今回のロシアの侵攻で明らかに潮目は変わってしまった。

◆ロシア軍は、なぜ一般市民を虐殺するのか

首都キーウ攻略を諦めると、ロシア軍は東部のドネツク州、ルガンスク州の制圧に乗り出した。両州の北西部にあるハルキウ州の州都ハルキウは、キーウに次ぐウクライナ第二の都市である。一度はロシア軍に制圧されたが、五月中旬には奪還に成功している。

ハルキウでもロシア軍の残虐行為が、四月七日にハルキウ州検察から報告された。住民三名を拷問した上、証拠隠滅のために焼き払ったという。市民虐殺の実態が次々と報告されたイルピン、ブチャ撤退から間もない頃である。ロシア軍のこうした残虐行為は、この四月上旬ころまでがもっとも多く明らかになっている。

拷問するということは、何か情報を引き出そうとしているはずだ。一般住民になぜそんなことが必要なのか。これは私の想像だが、スマートフォンの普及がその一因になっていると考えている。情報戦で後れをとって短期決戦に失敗したロシアは、ロシア軍の位置情報をウクライナ軍に渡していると疑った人間を、市民でも容赦なく拷問したのではないか。

現代の戦争で意外にも大きな脅威が、スマホなのかもしれない。盗聴リスクはもちろん、GPS機能などで部隊の布陣特定などが簡単にできる。一般市民がロシア軍を撮影してSNSに投稿するだけでも、様々な情報が公にさらされてしまうのである。

第2章で述べたような略奪するロシア兵がスマホで母国の家族に電話していた話なども含め、スマホをどう管理し、逆に言えばどう情報戦のツールとするかが大切な時代になったと痛感した。

私たち映像メディアのジャーナリストも、今ではテレビの現場レポートならスマホで十分だ。昔なじみの大きなテレビカメラは必要ない。中継がすべてスマホでできてしまうのだ。たった

ブチャの瓦礫のなかの住民（2022.4. 4）

ここ数年のことである。

しかし、無差別攻撃、略奪、拷問、強姦という現代国家の軍隊かと思えるような蛮行が明るみに出るロシア兵とは何なのだろうか。よほど質の悪い兵士が前線に来ているとしか思えない。

たしかにロシア正規軍の、とくにモスクワから来た部隊にはほとんど死傷者は出ていない。辺境の少数民族や所得の低い地方出身者の志願兵を募り、編成した部隊が前線に送られていると聞く。生活が苦しく、やむにやまれず志願したような兵士たちだ。ロシア陸軍は六〇〇〜八〇〇名からなる「大隊戦術群」という単位で動いているが、略奪に関しては指揮官の考え方も大きいだろう。報告される事例の数を聞く限り、目標を制圧してしまえば、あとは大目に見ているケースが多いように思われる。

もっともロシア軍の現場での残虐行為や略奪は今に始まったことではなく、第二次世界大戦末期の満州侵攻を見てもよくわかる。旧ソ連の時代から、民間人居住地に攻め込んだ場合は原則「やりたい放題」の文化なのだ。

キーウ周辺都市のブチャなどでは、後ろ手に縛られて頭を撃たれた遺体、焼かれた遺体が見つかっている。殺してからわざわざ焼いているのだから、何かを隠ぺいしようとしたことは想像できる。隠ぺいを目的としたのなら、ロシア自身が何をしたのかを理解しているから隠しているのだ。

スマートフォンの普及や兵士の質を問題にしたが、この戦争を始めたこと自体が「国際法違反」であり、指令したのはプーチン大統領である。個人的には、立証などしなくても戦争を仕掛けること自体が犯罪だと思っている。残虐行為が仮に末端の兵士の暴走であったとしても、市民を標的に攻撃する非道な戦いの大ボスがプーチンであることは、揺るがない事実として確認しておきたい。

◆第一次世界大戦のときもパンデミックだった

この戦争は、どういう形で終わるのか。まったく先が見通せないが、はっきりしているのは、プーチンの勝利で終わらせるわけにはいかないことだ。

以前にも述べたが、強権独裁主義の国家が武力をもって押し通したとき、世界がずるずる追認してしまうとわかれば、地球上のあらゆる紛争地域の独裁者たちは、お墨付きをもらったようなものになる。どんな手を使っても勝ちを取りに行き、紛争は世界規模で激化してしまうだろう。

ここが崩れた場合に、言論の自由、移動の自由など、あらゆる個人の権利が制限される世の中がやってくる。武力によって利得を得ようとする国家がやったもの勝ちで利益を得れば、その前では個人の権利などなんら尊重に値するものではなくなる。独裁者の弱肉強食の論理だけで、人類社会の秩序が踏みにじられていくのだ。

そのとき、世界の様相はガラリと変わってしまう。ウクライナのゼレンスキー大統領は、開戦からしばらくは国境線を二月二四日の侵攻前の状態に戻すと述べていた。しかし、激戦地が東部から南部ヘルソン州などに移ると、七月ごろには南部のクリミア奪還を強く意識した発言に変わっている。

ロシアは西側諸国から経済制裁も受け、膠着状態が続けば、部品が手に入らなくなり、武器の生産や修理が追いつかなくなる。欧米から武器の供与が続くウクライナが有利になったと言われる。

ところが、もともとの軍事力で上回るロシアは、「経済制裁」の抜け道を見つけてなんとか経済を回し、武器は旧ソ連時代の古いものも投入しながら、物量で圧倒しつつ粘り腰の持久戦を展開するようになった。

また、七月ごろになると、西側諸国の支援疲れが聞かれるようになった。天然ガスの供給をロシアに依存するドイツは、パイプライン「ノルドストリーム」を故障などと称してしばしば停止され、国内にエネルギー価格の高騰《こうとう》という爆弾を抱えている。

爆風で細かくヒビが入ったスーパーのガラス（2022.4.4）

「ロシアは、エネルギーを武器にして戦っている」とドイツは非難するが、戦争はどんな手を使っても勝とうとするのが当たり前なのだ。エネルギーを担保にとられたドイツの軍事支援は、ＥＵの中心的な経済大国としては、必ずしも積極的だとはいえない時期が続いた。

今回の戦争は、新型コロナウイルスの世界的パンデミックとのダブルパンチという事態になった。

約一〇〇年前、スペイン風邪と呼ばれたＨ１Ｎ１亜型インフルエンザのパンデミックと、第一次世界大戦が重なったことと奇しくも似た局面にある。

このときは、まず一九一四年に第一次世界大戦が勃発し、スペイン風邪の蔓延は一九一八年から二〇年にかけて発生した。

ロシアでレーニンによるボリシェヴィキ革命（十月革命）が起こり、帝政が打倒されたのが一九一七年である。翌年、ドイツが降伏して連合国側の勝利で第一次世界大戦が終わった。スペイン風邪の猛威で厭戦《えんせん》気分が高まり、終戦を早めたともいわれている。ロシアでソビエト社会主義共和国連邦が成立するのは一九二二年である。

パンデミックと開戦の順番は逆になっているが、人類初の世界大戦が発生し、大きく歴史が揺らいだ一〇〇年前との符号には、不吉なものを感じざるを得ない。

2016年取材当時のドネツク州の親ロ派の兵士（2016.5.2）

◆戦車部隊が歩兵の兵器で撃退される時代

二〇一四年のクリミア侵攻から二年後、ロシア側のコーディネートで東部ドンバス地方に入った。その当時、民間軍事会社「ワグネル」の傭兵たちと話す機会があった。彼らのなかには、ロシア軍を退役した元将校や元兵士が多い。ある兵士に「なぜ傭兵になったのか」と聞くと、「ウクライナで一旗揚げれば、土地がもらえる」と教えてくれた。

二〇二二年の今から思うと、兵士たちも市民を虐殺するような殺伐とした空気はなかった。と同時に、当時とは隔世の感があるのは武器の技術革新だ。

今回の戦争の開始早々から有名になったのは、アメリカが開発した歩行携行式多目的ミサイル「ジャベリン」である。本来は戦車などの装甲車両用に開発されたのだが、建築物やヘリコプターも攻撃できる。射程は約二〇〇〇メートル、内臓コンピューターによる自動誘導によって標的に着弾するので、高い命中率を誇る。

ロシアの戦車は一台一億数千万円から約四億円のものが主力で、最低でも乗組員三名が必要になるため、二名で運用でき、命中精度が高く安価なジャベリンの方が、武器としてのパフォーマンスは数段上である。ロシアの戦車軍団のキーウ侵攻を止めたのはジャベリンの力が非常に大きく、「ウクライナの守護天使」とあだ名がついた。歩兵が戦車に圧倒されて手も足も出な

2014 年のドンバス戦争で破壊されたドネツク州の橋（2016.4.30）

い時代は、もはや終わっていたのだ。

安価なドローンの活用が進んでいることも、今回の戦争の特徴だ。アメリカが供与した自爆型ドローン「スイッチブレード」は、一機七一万円という低価格である。小さなものなので破壊力はさほどではないが、戦闘機やヘリコプターとは比較にならない安さで、空からの攻撃を搭乗者なしで可能にしたのだから、まさに驚嘆すべき技術である。戦争の常識が明らかにこれまでと変わっている。

そして何より、ロシア軍の侵攻を阻止し、軍用機による空襲などを受けなかった首都キーウが、巡航ミサイルや砲撃によって、公共施設やインフラ、集合住宅までが破壊されたこと。市民は地下鉄構内やシェルターに逃げ込み、一カ月にわたる砲撃に耐えながら、早期に日常を取り戻したことも、戦争の様相が変わった点である。

一九九一年にソビエト連邦からロシア連邦に変わって以来、ロシアが領土的野心によって一国の首都に大規模侵攻を試みた初めての戦争なのである。様相が変わったというより、はっきりわかってしまったことは、現代の戦争では、侵攻を受ける側になった場合、前線と「銃後」といった関係性はなくなってしまうことだ。戦車に蹂躙されたり、市街戦の現場になることを免れた場合でも、前線の後方にある都市も最初から戦争に巻き込まれてしまうことを、今回の取材で改めて痛感した。

ロシア軍の戦費は一日に二〜三兆円かかっているという。世界一一位のロシアのGDPが約一七二兆円だから、一日三兆円とすれば二カ月で年間のGDPを上回ってしまう。最初に約二〇万人という兵力が投入されたが、開戦四カ月足らずで死傷者数は七〜八万人に達すると見られる（八月八日発表。アメリカ国防総省）。追加の兵員の募集も随時行われており、戦争継続のための費用はまだまだ上がり続けるだろう。

この戦費をいつまで維持できるのか。しかしプーチン大統領は強気を崩さず、まったく終結の目途は立っていない。

◆「ファクト（事実）」とは何かを見極めるために

パリに本部がある「国境なき記者団」は、毎年取材中に亡くなった記者の数を公表しているが、ここ数年、一年間に五〇人から六〇人で推移していた。ところが二〇二二年は、ロシアのウクライナ侵攻まもない四月四日時点で、死亡者一八人という報道があった（非営利組織インターニュースによる。「中日新聞」四月一五日より）。いかに異常な数値なのかがわかる。

長く世界の戦場を経験してきたが、こんなジャーナリストの死者数は見たことがない。東部の街が支配されたとき、ロシア兵に捕まって殺された地元ウクライナの記者がいた。欧米のジャーナリストの場合は、前線近くで取材しているとき、狙撃や砲撃で命を落とした人が複数あった。

ロシアに不都合な情報を流す報道関係の人間は、交戦するウクライナの兵士と同様、プーチンは「敵」とみなしている。チェチェン紛争でもそうだったし、ロシア国内ですら、プーチンの「悪」の部分を暴こうとする記者の多くは拘束されるか殺されている。明らかな言論封殺である。

読者のみなさんは、テレビや新聞、web記事などの報道を通じ、ウクライナ戦争の様々な情報に接しているだろう。日本を含めた西側が伝える情報は、ほぼ信用に値すると見ていい。現場を見てきた人間として、改めて断言したい。ロシア側のメディアが伝えているのは、ひどい大嘘ばかりだ。

私たち報道が気をつけているのは、いずれかの軍が発表した情報ならば、「ウクライナ軍の発表によれば」というように報じるようにしている。自分たちでファクト（事実）チェックできない情報は、慎重に受け取った方がいい。戦争というのは「勝つためには何でもやる、何でもする」のが原則である。ウクライナ軍が発表したものでも、情報戦の武器である以上、自国にプラスになる情報しか出さないのが当然だ。

報道に接するときに注意しなければならないのは、「プーチンがこう言った」「ゼレンスキーがこう言った」というのは、「言った」という事実だから報道する。そうでない報道の場合は、報道側が独自でファクトチェックしている情報かどうかを意識したい。

私自身も現場に立ってテレビカメラの前で気をつけるのは、「見たもの」しか言わないということだ。想像や推測は交えてはならない。「遺体があります」「銃殺されています」「焼かれていました」「土をかけて埋められていました」は、ファクトである。しかしそれが誰で、どこに住んでいて、なぜ殺されたのかは話さない。ロシア軍がやったとは、検証されていないので口にしていない。示唆的に言ってしまうことすら、正しい報道とは言えなくなってしまう。その場合、「ウクライナの内務省は、ロシア軍の残虐行為だと非難している」というふうに報道する。

これは殺人事件の報道でも一緒で、「警察によると」と報じるのはそのためだ。

われわれジャーナリストは、まずは第一次情報に接する。「遺体を見た」「破壊された集合住宅を見た」は、伝聞ではない第一次情報である。現場の大切さは、この「第一次情報」を得られることだ。ただそれは一人だけのものではどうにもならない。だから多くの目が必要になる。新聞やテレビでそれに接した人がどう解釈するかは、受け手側それぞれのバックグラウンドによるとしかいいようがない。

この姿勢は、ＳＮＳや動画などのネット情報に接するときに大切なことだ。個人が自由に情報発信できるようになった時代、「ファクト」なのかどうかはあまり問題ではない。「面白いか、面白くないか」「自分の考えに合っているか、どうか」「便利でわかりやすいか、どうか」「顧客にどうアピールするか」という基準のなかで、事実かどうかは限りなく軽い。

リツイートを増やして商品やサービスを宣伝したい、閲覧数や再生回数を効率よく増やしたいという背後の意図の方を、「ファクト」よりもずっと重視している発信者たちによる情報だということを忘れてはならない。

第5章

現在の戦況と六年前の東部ドネツク取材

◆兵力差よりも大切な「兵站」と「士気」

二〇二二年九月一〇日、東部ハルキウ州の要衝イジュームをウクライナ軍が奪還したと報じられた。ロシア側も「部隊を再配置した」という表現でそれを認める発表をした。イジュームは〝ドンバス地域の玄関口〟といわれる、ロシア軍の補給の重要拠点である。南部ヘルソン州やクリミア半島に十分注意を引き付けての奇襲だったとされ、弾薬や戦車などを置き去りにして逃げ去った場所もあったと報じられている。

対外戦争にとって大切なのはロジスティクス（兵站、物流）であり、その拠点を喪失したことは、支配下にあるドネツク、ルガンスク州でもさらにウクライナ軍に押し込まれる可能性が高い。

八月には南部ヘルソン州で、ウクライナ軍がドニプロ川に架かる橋や輸送船などを長距離砲で破壊し、兵站を寸断する作戦が注目されていたが、急転直下の展開が起きた。ロシア軍は東部から兵力の多くを南部戦線に持ってきたと見られ、それが今回の東部での勝利と深く関係しているだろう。

ウクライナの冬は、札幌よりも冷える。一一月には雪が降り始めるから、戦車部隊の機動力は低下する。本格的な冬を前に、ウクライナ軍は少しでもアドバンテージをとっておこうとし、

物資が輸送できないように外されたレール（ドネツク州）（2016.5.2）

ロシア顔負けの戦車部隊での反攻をイジュームで仕掛けたとみられる。

ロジスティクスに着目する限り、ロシアは圧倒的に不利だ。ウクライナはアメリカ、NATOを中心に武器や弾薬が継続的に補給されるのに対し、ロシアは経済制裁で精密部品などに事欠くほか、攻め込んだ戦争なので補給線は伸びきっている。これが寸断されると手の打ちようがない。

八月二五日、プーチン大統領はロシア軍を一三万七〇〇〇人増員する大統領令に署名した。九月にはアメリカのニューヨーク・タイムズや国防省が「ロシアが北朝鮮から砲弾やロケット弾を大量購入している」と伝えている。

北朝鮮から武器を買うのはロシアも賛同した国連制裁決議への明確な違反であり、しかも常任理事国がやっていいことではない。裏を返せば、北朝鮮しか頼るところがなくなっている苦しい事情が見てとれる。

さらに現場目線で指摘すれば、兵員の「士気」の差が歴然だということだ。ウクライナは侵略戦争に対抗するため、「国を、我が町を、愛する人を守るため」に戦っている。負ければ未来がすべて奪われてしまう。

ロシア軍は、前線の兵力の中心になっているのは、すでに述べた通り、民間軍事会社「ワグネル」や、地方の貧困層、周辺地域からの傭兵が多い。しかも当初は、訓練だと聞かされて従軍した兵士も多かったという。

傭兵たちは、給料と期間の契約書を交わしてロシア軍として従軍している。短期作戦として契約した兵士は「話が違う」と感じて、モチベーションが上がらないはずだ。しかも弾薬や食料も十分でない状況では、命がけで国を守ろうとするウクライナ兵のようなパフォーマンスは望むべくもない。

プーチン大統領としては、国内向けには戦争ではなく「特別軍事作戦」と定義しているように、なるべく全面戦争には発展させたくない思惑がある。ロシアもウクライナも、さらにはベラルーシも「東スラブ人」の国家である。もし前線で青い目をした兵士が死んでいく映像が伝われば、ロシア国内は騒然とするだろう。モスクワやサンクトペテルブルクのような大都市で、息子や親を戦闘で失う人が増えれば、戦争に対する世論が一気に変わってしまう。

この原稿を書いている九月時点では、ロシアは完全に手詰まりになっている。

◆親ロ派武装勢力の案内でドネツク州に入る

私は二〇一六年四月に、一度だけウクライナを取材している。今回の戦争で焦点になっている東部のドネツク州に、親ロシア派（親ロ派）の許可を受けて二週間滞在した。このときは、ウクライナ政府軍と対立する立場に身を置いた。両方から見たという点で貴重なので、比較を交えて少し振り返っておきたい。

二〇一四年二月にユーロ・マイダン革命が起こると、プーチン大統領はすぐさま対抗措置に出て、四月には「ドネツク人民共和国」「ルガンスク人民共和国」が創設されたことは前に述べた。このとき親ロ派武装勢力とウクライナ政府軍との間で激しい戦闘になり、翌年の「ミンスク合意」以降も散発的な戦闘が続いていた。

南のクリミア半島を含めたウクライナの東側には、たしかにロシア語を話す人々やロシアからの移住者が多い。ユーロ・マイダン革命の結果、ウクライナが民族主義的になってロシア語を禁止するなどの措置をとるのではないかと、ロシア系住民たちが不安を抱いたのは確かである。

案内の親ロ派の民兵が最初に連れて行ってくれたのは、ドネツク国際空港だ。

しかし、「親ロ派」といっても事実上はロシア軍である。丁寧にアテンドしてくれたが、ドネツク州の三分の一あまりを武力で〝実効支配〟し、一方的に独立を宣言するのはどう考えても正当化できるものではない。

このときは、ドネツク州に接するロシアのロストフから車をチャーターし、陸路でウクライナのドネツク州に入った。ドネツク国際空港は、両軍の激しい争奪戦によって使用不能になっ

2014 年のドンバス戦争でも都市の中心は壊されていない（2016.5. 1）

ていたのだ。紛争地域に入ると、第二次世界大戦のモニュメントは破壊され、ドンパス戦争の死者だろう、十字架が立っている広場があちこちに見られた。崩れかけた建物の壁には、「ここは我らの土地、『ドネツク人民共和国』の土地」とペンキで乱雑に書かれていた。

案内の親ロ派の民兵が最初に連れて行ってくれたのは、ドネツク国際空港だ。とはいっても、ガラス張り四階建ての近代的なターミナルビルの面影は跡形もない。天井は崩れ落ちかけ、足の踏み場もないほどの瓦礫に埋め尽くされた空港を歩きながら、民兵が話す。

「ウクライナ軍が我々からここを奪還しようと、毎日のように砲撃してきました」

ドネツクの市街地から北西に十キロほどに位置するドネツク国際空港は、二〇一四年に親ロ派武装勢力が「ドネツク人民共和国」を名乗って実効支配したとき、いったん彼らの手に落ちた。ウクライナ政府は同年五月六日に空港発着便を停止し、武装ヘリコプターで空爆し、ドネツク国際空港を奪還した。このとき親ロ派民兵に四〇名ほどの死者が出ている。しかし二〇一五年一月にウクライナ政府は撤退を決め、空港は「ドネツク人民共和国」の支配下になった。そのときの戦闘の激しさが二年余を経てもありありと伝わってくる。

空港の三階部分を歩いているときだ。

「この先は、とても危険だ」

と、案内の民兵が足を止めた。屋根が崩れかけて視界が開けた先に、眼をこらすと小さく高

激しく破壊されたドネツク国際空港。滑走路に破壊された戦車がある
（2016.4.30）

い建物が数カ所見える。一キロほどの距離だろうか。そこはウクライナ軍の支配地域で、スナイパー（狙撃兵）がこちらを狙っていると説明を受けた。

◆生活のために従軍した気のいいロシア兵たち

空港の警戒は二四時間体制で行なわれていた。ドネツク州に入る前は、ロシアの軍人が多数入っていると報道されていたが、ロシアの正規軍に属しているものは少なく、退役軍人や義勇兵が多かった。

彼らは結局、生活のために志願してくるのだ。ロシアで商売に失敗して、兵士になって再起をめざす者、チェチェン紛争でも志願兵として戦ったという話も聞かされた。なかには極東で北方領土の警備隊を経験したという兵士もいた。ほとんどが年配者だ。

案内役のなかで「中佐」の階級を持つ将校は、こんな話をしてくれた。ロシアでは、学校に入るときも軍隊に入るときも勉強ができるかどうかは二の次でいい。国家に忠誠心があるかどうかが、もっとも重要なのだと。

空港の警備にあたるロシア兵たちのなかでも、とりわけ明るい兵士と親しくなった。私が日本のジャーナリストだとわかると、

同世代の記念撮影（2016.4.30）

「帝国主義の時代はよかったな。あの頃を取り戻そうじゃないか。一緒に頑張ろう」

とへんな励ましを受けた。大日本帝国の時代に戻りたいなどと全く思わないし、この人は「帝政ロシアの栄光万歳！」というプーチン大統領のような思考なのだろうか。

年齢を聞くと五八歳で、私と同世代である。発言に違和感を覚えたが、並んで写真を撮った。

一方、二〇二二年の今回の取材では、ウクライナの人からこんなふうに言われた。

「我々が二〇一四年のマイダン革命以降、ドネツク・ルガンスク、クリミア半島の問題で戦っているように、日本も『北方四島』の領土問題を抱えている。ロシアの圧迫に屈することなく戦い続けよう」

ロシア側とウクライナ側では、歴史に対する着眼点や考え方がこれほどに違うのである。起こっている歴史は一つでも、立場によって「真実」とするものは異なるのだ。

もう一人印象に残ったのは、首から手榴弾を下げた兵士だ。三〇代ほどだろうか。長く戦場を見てきたが、首から下げているのは初めて見た。ウクライナ軍に捕まったとき、自爆するためにそうしているという。

「命を大事にしてよ」

と肩を叩くと、彼は日本語で「ありがと」と言った。一年半前までは、ロシアのフィギュアスケートの選手だったという。日本語がすぐに出たということは国際大会に出るような選手

首から手榴弾を下げた親ロ派兵士（2016.4.30）

だったのかもしれない。顔を隠しているのは、家族がいるからだという、マスコミにさらされることで何らかの危害が身内に及ぶのを恐れているのだろう。

ドネツク国際空港の警備は、その場に留まっての長丁場だ。兵士たちはその場で食事をつくって食べる。この日はボルシチだった。ボルシチはロシア料理だと思われがちだが、発祥はウクライナである。壊れた調理場で炭を起こして火をたき、煮込んだボルシチのいい匂いが漂っていた。

しかも彼らはプランターでタマネギの栽培までしていたのである。死と隣り合わせの現場にいながらも、人間は食事をするし、その時間はほのぼのとした日常の一コマだ。どんな場所でも人間は、腹を満たさなければ生きられない。ロシア兵もウクライナ兵もない、人間の当り前の営みなのである。

◆言葉があるなら、交渉で解決してほしい

空港の兵士たちを取材するかたわら、近くの団地に人々の暮らしぶりを見に行った。すると戦闘で破壊された教会の前に、手にバスケットを持った老若男女が並んでいる。この日は十字架にかけられたキリストの復活を祝う「イースター（復活祭）の日」だった。

教会が壊れてしまったので、やむなく外で行事が行なわれているのだ。神父が並んでいる人たちとバスケットの中に聖水を振りかける。バスケットの中はケーキと卵だった。

その列で一人の女性と知り合った。九歳の長女と七歳の長男を育てるシングルマザーのオリガさんだ。彼女たち三人家族が暮らす団地は幾度となく砲撃にさらされたという。

自宅に案内してもらった。朝食はイースター用のケーキと卵で、ケーキを出すのは久しぶりだという。子どもには食べさせるが、オリガさんは食べない。ふだんの食事も赤十字からの支援物資でやりくりしているから、少しでも使わないようにするのだという。

いまだに昼夜を問わず砲撃音が響くこの団地に留まっているのは、避難したくてもできないか、逃げることを拒否した人である。しかし、共通しているのは、みな経済的に余裕がないことだ。オリガさんもどこにも頼れる親戚、縁者がなく、この地を離れてしまえば仕事もない。砲撃がないときは子どもも学校にいけるし、ここにいるしかないという。

その後、民兵に案内されて、ウクライナ政府軍との攻防が続くドネツク郊外のザイツェボ村に行ったときのことだ。

「いつ攻撃をうけるかわからないから防弾ベストを着用するように」

と指示を受けた。二日前にも砲撃を受けたばかりなのだという。防弾ベストを着て民兵の後をついて歩くと、機関銃を連射したような激しい銃声が響いた。案内役の民兵は銃の安全装置

破壊された建物で遊ぶ子供たち（2016.4.30）

を外し、

「右に、右に！　みなさん道の右側にいてください」

と叫んだ。左側一キロ先にウクライナ軍の支配地域があり、そこから銃撃がくるという。このときはこれだけで済んだが、「ミンスク合意」の停戦協定がなんら意味をなしていないことを実感した。

「戦争はいりません。言葉があるのだから、交渉で解決すべきです。命は一つ、大切にしなければなりません」

そう話していたオリガさんの言葉が改めて心に響いた。

◆安全な場所で命令している者は、現場に来い

六年前のドネツク取材では、ウクライナ軍の銃口が私を狙っていた。二〇二二年のウクライナ取材では、ロシア軍からの砲撃にさらされた。私は外国のプレスだが、どちら側の許可で紛争地入りするかで真逆の危険に身を置くことになった。

これは、じつは市民についても言えることではないか。たまたまドネツク州、ルガンスク州などの「親ロ派」といわれる地域に住んでいた。あるいはキーウ、リビウ、オデーサなどのロ

マーケットも容赦なく破壊される（2016.4.30）

シアの勢力が及ばない大都市で暮らしていた。それだけのことでロシア陣営とウクライナ陣営に分かれ、戦争に巻き込まれてしまっている庶民がたくさんいる。

東部を中心に親ロ派武装勢力はたしかに存在し、「ドネツク人民共和国」「ルガンスク人民共和国」を樹立するときは中心となって市街地の州の役場や警察など制圧した。ウクライナ政府は、彼らをテロリストとして排除しようとする。

一方で、プーチン大統領がウクライナを「ネオナチが支配する国」としてロシア系住民の保護のために軍事行動をとったというのが、今回の大義名分だ。たしかに東部二州を含めてウクライナ語を国の公用語に定める、NATO入りを推進するなどの動きがウクライナで活発化していた。もとはソビエト連邦の中心をともに構成した「兄弟国家」の動きとして、ロシアが看《かん》過《か》できない立場もわからないではない。

それでも、先に手を出すのはいけない。二〇一四年に始まるロシアとウクライナの武力衝突にあって、つねに一方的に軍事力を使って支配地域の拡張を図っているのはロシアばかりだ。たとえそれまでの経緯はどうあれ、一九九一年にロシア連邦とウクライナがそれぞれ別の独立国として歩み始めた以上、その領土に攻め入って軍事行動をとるのは侵略以外の何物でもないだろう。

ウクライナ国内に暮らす人のなかには、ウクライナ国民としてのアイデンティティを大切にする人もいれば、旧ソ連の教育を受けてロシアに親しみを感じている人もいる。ウクライナに住んでいるロシア人もたくさんいる。それぞれ多様な人たちが暮らしているのは当然のことだ。しかしその対立を煽《あお》って戦争の理由とし、市民を標的にした残虐行為が行われることなど、決して許されてはならない。

ドネツク州を取材して母親たちから聞かされたのは、

「ロシアでもウクライナでもいいから、とにかく戦争を終わらせてほしい」

というものだった。これは、ウクライナに限らず全世界の紛争地域の母親たちに共通する願いだろう。だから国の指導者たちには、戦争を起こさない最大限の努力が必要なのだ。しかし、実際にはそうはならない。戦争を起こす権限を持つ者は、けっして戦争の現場には立たないからだ。

たまたまその地域に住んでいたというだけで、丸腰のまま戦火のなかで怯え、経済的にもひっ迫して暮らす市民たちは、本当に不憫でならない。

安全なところから命令だけしている指導者たちに、「三日でいいから、砲撃や銃撃にさらされて暮らす気分を味わってみろ」と言いたい。

◆六年前のドネツク取材とウクライナ侵攻

戦争にこんな表現を使うとお叱りをうけるかもしれないが、同じウクライナでの戦争でも、かつては〝牧歌的〟だったと思う。辞書で見ると、「素朴で、大らかなこと」と書いてある。たとえば、破壊されたドネツク国際空港の警備の親ロシア派民兵にしても、二四時間気の抜けない警備はあるものの、夕食にはボルシチを食べ、プランターでタマネギを栽培していた。

今回のロシアのウクライナ侵攻は、短期決戦が当初目標だったこともあるが、ウクライナで取材した市民から聞かされるエピソードは、残虐で現場兵士の暴走を思わせるようなひどいものばかりだ。

兵器の技術革新も格段に進んだ。ドネツク取材のころは銃撃戦といってもすべて人間が照準を定めて敵兵を狙うという、いわば生身の人間と人間が戦っているリアル感があった。今回のウクライナ侵攻では、ジャベリンのように発射すれば標的にほぼ命中する歩兵携行式のミサイルや、ドローンのような遠隔操作の無人飛行機が大戦車軍団を脅かす時代になっている。

一方のロシア軍は、前線で負けだすとすぐさま、ミサイルやロケット砲で市民の住宅や重要インフラを攻撃し始めた。太平洋戦争のころは、「前線」と「銃後」といった区別もあったが、現代の戦争では始まった瞬間に市民も戦火の只中に叩き込まれることが明確になった。

今年二月二四日の侵攻時、ドネツク人民共和国にいたロシア軍は、アゾフ海に面した港湾都市マリウポリに進軍し、最後はアゾフスタリ製鉄所に立てこもったアゾフ連隊と三カ月近くにおよぶ激しい攻防戦になった。

マリウポリはじつはドネツク州であり、「ドネツク人民共和国」として併合できていなかった場所である。私が六年前に取材で入ったとき、なんと港町のマリウポリに掲げられた国旗が、親ロ派支配地域から見えた。それほどの近場で小競り合いを繰り返していた前線で、ついに全面衝突となったのだ。

マリウポリは都市の九〇パーセントが破壊され、死者は統計によるが二万人から五万人ともいう。製鉄所に取り残された市民は無事避難したが、アゾフ連隊の多くは捕虜となり、まだ帰還の目途は立たない。

六年前に取材した当時、「ドネツク人民共和国」の支配地域とウクライナ政府軍の防衛隊は、ともに距離を置いてトレンチ（塹壕《ざんごう》）を掘り、敵が自領側に侵入してこないよう、人海戦術の防衛線が張られていた。まるで第二次世界大戦の独ソ戦のようだ。

しかし戦線の膠着ということは、交戦があって兵士が死ぬことはあっても、非戦闘員の老若男女はなんとか暮らしていけるのだ。六年前のドネツク州での銃声が響く中でもイースターの行事に並ぶ人々、銃弾が数多く残るマーケットの前で遊ぶ子供たちを思い出すとき、今後最新兵器を駆使した大規模戦争が起これば、こんな光景を目にすることはもうないのではないかと思えてしまうのだ。

第6章

歩いてきた戦場との比較から

——佐藤和孝の眼

◆アフガン侵攻とウクライナ侵攻の共通点

一九八〇年五月、当時二四歳だった私は、前年一二月にソ連が電撃侵攻したアフガニスタンに入った。まったく初めての経験でコネも何もない。ただ世界を震撼させた紛争の現場を見てみたいという一心だけで入国し、ゲリラ各派の事務所を片っ端から回って頼み込んだ。このとき、アフガニスタンに向かう戦士たちのトラックに同乗することを許されたのが、私の戦場ジャーナリストとしてのキャリアの出発点だ。

当時のアフガニスタンでは、一九七八年に四月革命によって共産主義政党が政権を奪取していた。人口の九九%はイスラム教徒である。武装派勢力はジハード（聖戦）を掲げ、ムジャヒディン（イスラム戦士）を組織して武力闘争を開始した。これにソ連が軍を派遣して介入してきたのだ。

ソ連は共産政権を支援することによって、アフガニスタンを連邦構成国家のウズベキスタンやタジキスタンのようにしたかったのだと思われる。しかし、イスラム教徒の抵抗はあまりに激しく、中央アジアでのようにはいかなかった。

世にアフガニスタン紛争といわれたこの戦争は、ゴルバチョフ大統領が登場し、ペレストロイカを推進した一九八九年二月にソ連軍が完全撤退してようやく終結した。

まさに九年におよぶ長期間の戦争で、ソ連軍は一万四〇〇〇名以上の戦死者を出し、アフガニスタンの死者はその数倍ともいう。しかしアメリカはムジャヒディンに数十億ドルの武器支援をし、イスラム諸国から合計で約二〇万人の義勇兵が参加したという。

急にアフガニスタン紛争の話を持ち出したのは、今回のロシアとウクライナの戦争との間に、似た構図がいくつか指摘できるからだ。

一つは、ソ連（ロシア）とアメリカの代理戦争であること、二つ目には侵攻した国の内紛に乗じて軍事介入したことだ。アフガニスタンの場合は、政府軍はほぼ全土をムジャヒディンに制圧されて敗北寸前であり、ウクライナのようにでっち上げの「親ロ派住民を救う」というのとは大義が違う。

とはいえ、内紛に乗じてあわよくば領土を切り取り、あるいはその国の共産化を進めようとするスタイルは、まったくかわっていない。いまウクライナは激しい抵抗でロシア軍を押し返しているが、両者拮抗のまま長引けば、一〇年でも戦争が続いてしまう可能性を、この先例は示唆していないだろうか。

私も最初の取材からソ連軍の撤退まで、九年で計六回にわたってアフガニスタンを取材した。四〇年以上にわたって世界二〇カ所以上の紛争地域を取材しているが、その後もアフガンだけは取材を続け、合計三〇回以上訪問するというダントツのお付き合いになってしまった。もういい年齢なので、同じ国にそんなに何度も行くことはないだろうが、ウクライナにそんなに取材に行く外国人ジャーナリストが出ないよう、早期に終結してほしいものだ。

ロシアとウクライナの戦争が、専制主義VS自由主義だとすれば、ソ連とアフガニスタンの戦争は、共産主義VSイスラム主義ということになる。後者の方がよりイデオロギー同士の対立に見えるが、戦争の「現場」ではそんなことはない。ここでは、同じソ連（ロシア）を相手にした長期戦という意味で、アフガニスタンの場合はこうだったという事例として紹介しておきたい。

◆ゲリラは勝ち負けより、いることが大切

アフガニスタンは、首都カブールで真夏の最高気温が三四度、冬の最低気温はマイナス一度にもなる。二四歳で初めて行ったときは灼熱の砂漠地帯、南部のヘルマンド州ラシュカルガーを行軍していた。

二年後の一九八二年に行ったときは、一転して真冬の標高三七〇〇メートルのハジガック峠をムジャヒディンの反政府ゲリラと雪中行軍した。ゲリラは政府軍に見つかるわけにはいかないので、夜間に山岳の雪道を一週間にわたって歩くことになった。われわれの部隊が拠点とし

たのは、カブールから北西二四〇キロに位置するバーミヤンである。

アフガニスタンは三四の州に分かれており、ソ連が軍事介入してきたときは、全土が掌握されたといわれた。ところが、標高の高い山の中はソ連軍も手が出せない。戦車部隊も入れないし、歩兵が行けば土地勘のあるゲリラにいいようにやられてしまう。

またムジャヒディン側が統率のとれた大反撃を行なうのは戦争も後半の頃で、イスラム勢力といっても細かく各派に分かれていて、一枚岩にはほど遠い。反政府ゲリラは村から村へと渡り歩き、物資を補給しながら、政府軍やソ連軍に反撃を加えるのだ。

ムジャヒディン（聖戦士）というと、特別に軍事訓練された自爆テロも辞さない過激なイスラム組織と思われがちだが、そんなことはない。都市に暮らす商人や農村部の農民でもいい。イスラムの大義のためにジハードを戦うなら、戦闘経験がなくてもいいのだ。

実際に、クワや鎌のような農具を持って山の中に入り、ムジャヒディンになった者もいるし、第一次世界大戦でイギリス軍が使ったような旧式すぎる銃を抱えて参加してくる男もいた。

ゲリラ戦には前線も後方支援も、勝ち負けすらもない。とにかく抵抗を示し続け、存在し続けることが目的なのだ。

カブール市内で政府軍の戦車やソ連軍の装甲車に対して拳銃を撃ち、捕まったり射殺されるゲリラもいた。拳銃で撃っても、相手は痛くもかゆくもない。攻撃というより、〝嫌がらせ〟

ムジャヒディンに同行して雪中行軍（1982 年）

のレベルだ。それでも、抵抗することが大事なのである。

もっとも農村部の一般の村人たちにとっては、そこで生活できさえすれば、共産政府でもゲリラでもなんでもよかったのだ。ただゲリラが山から下りてきて米や金を徴収しに来るから、応じるしかない。

一方で当然ながら、政府からも税金はきっちり取り立てられる。村によっては、がちがちのムジャヒディン支持の村、アフガン政府支持の村もあったが、どっちにもいい顔せざるをえない村の方が多かった。村によっては政府、ゲリラ、ソ連軍の三者から様々な要求を受け、圧迫されるのである。

ムジャヒディンとは名ばかりで、強盗集団のようなのもいた。つまり内戦で国家の秩序が壊れると、「なんでもあり」の状況が生まれてしまうのだ。ウクライナの場合は、ゼレンスキー大統領が即座に国をまとめ上げ、国家としての組織的な防衛戦が可能になったが、もし早い段階で海外亡命や殺害されるなどの事態になっていたらどうだろう。すんなりロシアが傀儡政権を機能させなければ（ウクライナ国民は許さないだろうが）、身を潜める山岳地帯もない広大な大地でゲリラ戦に突入していたかもしれない。

スティンガーミサイルを担いだムジャヒディンの戦士

◆食べられないから「ムジャヒディン」になる

ソ連はアフガニスタンの共産政府を維持しようとしたが、イスラム勢力の抗戦を押さえ込むことができず、アフガン撤退後の一九九二年四月、軍事クーデターによってナジブラ大統領が失脚して共産主義政権が崩壊した。その後、ムジャヒディン政権が誕生するものの、カブールでの内部抗争や汚職がひどく、一九九六年には事実上の首都をカンダハルに遷し、ムジャヒディンと抗争しながらタリバン政権が誕生する。

タリバンは「学生たち」という意味で、世直しを期待されて当初は国民からも歓迎された。しかしその後、女性の権利の徹底した抑圧、鞭打ちなどの過酷な刑罰を含む宗教抑圧的政策を行なう政権になったことは、周知の通りだ。

こうしてアフガニスタンの紛争に次ぐ紛争の歴史を長年にわたり現場で目撃することになったが、これ以後のことは拙著『タリバンの眼』（ＰＨＰ新書）で触れたのでここでは述べない。私がここで取り上げたいのは、アフガニスタンの人たちも、戦争という非常事態のなかで、メシを食い、子どもを育て、家族を守って生活していかなければならないという現実である。

ムジャヒディンやタリバンというと、イスラム原理主義の過激なテロ組織とイコールのように考えている日本人がまだ多い。しかし実際には、がちがちのイスラム主義者が大多数かとい

アフガンの荒涼とした土漠で薪を運ぶロバ（1989 年）

えばそうではない。生活に困ってやむなく身を投じている人も少なくないのだ。

アフガニスタンは、全人口の四〇パーセントを占めるパシュトゥン人をはじめ、数十の民族が同居する多民族国家で、部族の結びつきが国家のルールに優先する国柄である。資源もなく産業もなく、輸出できるのはアヘンと羊毛くらいである。アヘンは麻薬であるからおおっぴらに売買できないが、麦かアヘンかといえば、農家は実入りのいい後者を選んでしまう。

そのほかの農業や畜産も、基本的に国内でまかなえる程度しか生産しない。以前から鉱物資源の存在については語られてきたが、共産主義政権時代にある程度の調査が行われたが開発に結びついていない。

つまり国として存在はしているけれども、民族、宗派間の争いに明け暮れ、権力に近づけば汚職と人権弾圧を始めるという、一国に及ぶ「統治」というものがまるで存在していないのだ。ゲリラになり政府軍になりという身の振り方も、アフガニスタンで生きていくうえでは、他にどうしようもない現実なのである。

だから私は、ムジャヒディン政権の時は彼らの側で、タリバン政権のときはタリバン側で取材するようにしてきた。一方の立場からではなく、両方から見ておく必要があると考えたからだ。権力争いや利権争いをする指導者たちではなく、一介の兵士や戦時下にある市民のリアルな姿をこの目で見て、伝えたいと思ったからだ。

◆戦争は、普通の人間を狂わせる

一九九二年三月に始まったボスニア・ヘルツェゴビナ紛争を取材したときだ。ボスニア・ヘルツェゴビナの独立を機に、国内のスラブ系ムスリム（イスラム）勢力と、セルビア人、クロアチア人の三つ巴の武力衝突に発展していた。私は翌九三年の三月、六月、一一月に三回にわたって首都サラエボに入った。

この紛争は、同じ民族が殺し合うという意味では、今回のロシアとウクライナの戦争と似ている。ともにスラブ系の民族であり、まさに兄弟殺しである。しかも掲げられた大義が「民族浄化」。同じスラブ系で相互を否定し合い、凄惨《せいさん》な虐殺が繰り返された。

私はセルビア人勢力側もムスリム側も両方に同行して取材し、ジャーナリストとしての客観性を保とうとした。

セルビア人の兵士と四方山話《よもやまばなし》になったとき、「この戦争はどうしたら終わると思う？」と聞いてみた。

「そりゃあ、要するに金だよ」

互いに食えるようになりさえすれば、戦争なんかしないというのだ。

セルビア人勢力の中核になっているのは、過激な右翼民族主義者チェトニックである。彼らのなかには「ウイークエンド・チェトニック」というのがいて、ふだんは仕事を持って働いているが、週末はチェトニックの軍隊に参加して、敵方の住宅や商店、スーパーなどを襲い、略奪して帰っていくのだという。

この紛争で「民族浄化」の名の下に行われた残虐行為は、ウクライナにおけるロシアの比ではない。各民族が支配地を奪い合い、ある民族が支配を確定すると、そこに居住する他の民族は、家屋への侵入・略奪・破壊、資産没収、暴行・拷問・強姦・殺人とあらゆる手を尽くし、その地域から退去せざるを得ないように追い込むのである。

一九九五年七月のスレブレニツァの虐殺では、セルビア人勢力がムスリム系の民族の男性八〇〇〇人余りを虐殺している。

こうした現実を知ってしまうと、セルビア人兵士が言った「要するに金だよ」というのはとても信用できない。いや一人一人の兵士は、自分や家族の命を守るため、生活のためという生きるうえでの切実な部分で戦っているのだと思う。

しかしある状況下に置かれれば、人間はどこまでも残酷になれる。今回のウクライナでのロシア兵の略奪にしても、戦闘のまっただ中で平時の法律も倫理もおよばない状況下になれば、欲しいものを見たら「かっぱらってしまえ」となるのだろう。

ボスニア・ヘルツェゴビナ紛争は、開戦から三年後にNATO軍がセルビア人勢力を大規模

カブール市内のタリバン少年兵。AK-47 カラシニコフを携行する（1996 年）

空爆して終結した。西洋の古い街並が破壊され、近代的な高層ビルにミサイルが撃ち込まれた様子は、今回のウクライナの都市の惨状とそっくりだった。

◆なぜ人間は、学べないのか

四〇年以上にわたって、世界の紛争地域を取材してきた。現場に行く。事実を取材する。報道する。出てくる結論は、「戦争のような愚かしい行為を続けてはいけない」という同じ教訓だ。しかし、これほど教訓の蓄積があるにもかかわらず、なぜ人間は学べないのだろう。

人が殺されるのは、あってはならないことだ。だから平時の社会では殺人は最大の重罪である。ところが戦争では、簡単に数千、数万の命を奪うことを国の指示でやる。われわれジャーナリストが、いくら伝えても繰り返される。

これまで多くのジャーナリストが戦場に行き、毎年多くの記者が、世界のどこかで命を落している。今回のウクライナ取材でも、世界中からたくさんの記者が来ていた。何も変えられない無力感に打ちひしがれながらも、これまではダメだったとしても、明日からは変えられるかもしれないと世界中のジャーナリストが活動している。

ブチャ、イルピンの虐殺以降、ウクライナではロシアの戦争犯罪を特定するための綿密な調

近代的ビルが破壊されたサラエボ（1993 年）

戦禍にあったビルで遊ぶサラエボの子供たち（1993 年）

査が進んでいる。我々ジャーナリズムが現地で取材したフィルムを、ICC（国際刑事裁判所）が戦争犯罪の証拠として提出してほしいと依頼してくるケースもあった。もし、戦争犯罪を立証する役に立つなら、我々の取材にも大きな意味があったことになる。

だからこそメディアは現場に入って、この目で見て記録に残す。それを世界各国のメディアがこぞってやる。裁判に使えるのかどうかは裁判所の判断だが、だからこそ我々は一次情報の目撃者たるために、現場で取材をし続けるつもりだ。

私は「プーチン政権」が瓦解することでしか、この戦争は終わらないと思っているし、戦争犯罪に問うこともできないだろう。それでも私たちジャーナリストは、現場に行って「事実」を伝えるのが仕事だ。その積み重ねを続けていくほかはないと考えている。

ジャーナリストは「権力の監視」が仕事だという。国家権力がもっとも乱用された行為が戦争だろう。だから、始まってしまえば、起こっていることを伝え続けるしかない。

そうしたなかで、世界中の記者が死んでいる。どうして死を覚悟してまで戦地に行くのかとよく聞かれる。許しがたい現実が起きている「現場」を見たいからだ。それを報道し、視聴者、読者に伝えたい。一次情報を発信することで、正しく判断する材料を提供し続けたい。

しかし、戦場に入りたければ、どうしても軍の許可証が必要になる。戦争である以上、民主国家の軍隊であろうと自分の都合のいい情報しか出させたがらない。そこはプロパガンダの片

スーパーの分厚いガラスも貫通する銃弾（ブチャ）（2022.4.4）

棒を担がないよう、慎重に報道していきたいとつねに考えて取材している。

「我が身をつねって人の痛さを知れ」ということわざがある。母からよく教えられた言葉だ。幸いにも私たちジャーナリストが得てくるのは第一次情報だ。伝聞ではない。想像や妄想でもない。だから受け手の方々には、自分が戦争の現場に立たされたような気持ちで、「我が身をつねるように」接していただきたいと願っている。

評論家でも誰でも、きちんとした人は「第一次情報」をもとに発言している。ｗｅｂ情報の場合は、二次情報、三次情報であり、えてして発信者の意図が込められている。自分は一次情報をもとに考えているだろうか、とつねに自問自答する姿勢が大切である。

たとえば今回リビウで経験したような、難民が大量に国境を超えようとする状況をジャーナリストが取材する。私たちはそれを伝える。自分たちも同じように経験し、食べ物がない中で食べ物を得て、寒くて凍える中で通関を待つ。群衆のざわめきと、ロシアのミサイルが飛んでくるかも知れない恐怖……。

これが取材対象と体験をともにして得た生の一次情報であり、我々が身体を張って持ってきた情報から、どうか本当の学びを得ていただきたいと思う。

◆「ゆでガエル」になっていないか

二〇〇三年三月二〇日、アメリカによるイラク空爆が始まった日、私はバグダッドにいた。ブッシュ大統領は、結局はどこにもなかった大量破壊兵器をイラクのフセイン大統領が隠し持っているという疑惑から、四八時間以内の国外退去という最後通牒を突きつけた。従わない場合は先制攻撃するという。もちろんフセインは言うとおりにしない。

このときのバグダッド市民のことを、私は忘れることができない。時間まで区切られた攻撃予告が来ているのに、

「アメリカは本当に空爆をやるのか」

というのが、街の人のほとんどの反応だったのである。当時、私は日本テレビの特別支局長としてバグダッド入りしており、中継を入れて市民に話を聞いて回ったが、みな空爆には懐疑的だった。そのとき痛感したのは、人間は大惨事がまさに目の前で起こるまで、「自分だけは大丈夫」「たいしたことにならない」と信じ込んで暮らす生き物だということだ。これを心理学では、「楽観バイアス」という。

私はこうした事態を目の当たりにするたびに「ゆでガエル」の寓話を思い出す。カエルはいきなり熱湯に放り込まれれば、熱さに驚いて飛び出し、命は助かるという。ところが、適温の

なかを泳いでいるカエルは、徐々に水温が高まってもそれに気づかず、ゆだって死んでしまうというのだ。

私がバグダッドで経験したのは、「四八時間後」と時間が切られていながら、危機感の薄い市民たちの姿だった。

ひるがえって日本社会を見てみよう。ロシアのウクライナ侵攻は、もはや遠い国の出来事として日本人の記憶から忘れられ始めている。プーチンが開けてしまった「パンドラの箱」は、間違いなく地獄への片道切符だ。何度か述べたように、もう第三次世界大戦は始まっているという危機感を持たなくてはならない。

もしプーチンが勝つことになれば、日本は無事ではすまない。おそらく台湾有事を引き金に、戦争に巻き込まれることになるだろう。そのとき、日本はどうにも防ぎようがない。それは自衛隊がどれだけ強いとか、敵基地攻撃能力を持ったとか、そういう次元の話ではない。

外国からの攻撃になんら対応していない日本各地にある原子力発電所、国家石油備蓄基地の場所は、ホームページ上で公開されている。これらに巡航ミサイルを撃ち込むだけで、侵略者は核すら使う必要がなく、国家として対外侵略への抵抗力を奪うことができる。

今の日本にできることは、欧米諸国と協調し、専制主義VS民主主義の戦いに勝つこと、つまりウクライナを支えていく以外にない。

アメリカ軍に空爆されたバグダッド市内（2003 年）

いまウクライナを支援する国々は、大変な試練に見舞われている。燃料費が高騰し、イギリスを代表するファストフード、フィッシュ＆チップスに三〇〇〇円の値がついたと報道があった。ドイツをはじめ、冬に向けてロシアにエネルギーを握られている国は本当に苦しいと思う。

それでもウクライナの民主主義を守るために支援を続けるしかない。やりきれなければ、世界秩序は崩壊する。第二次世界大戦後、なんとか地域紛争でとどめてきた平和な世界は終わり、世界中の国々が巻き込まれた力だけが物を言う新しい情勢が出現する。

専制主義と民主主義の戦いに民主主義が譲ってしまえば、人類の歴史は何百年も巻戻ってしまう。今の苦しみに負けるか、未来に禍根《かこん》の種を残さないよう戦うか。世界はかつてない岐路に立たされている。

破壊されたアメリカ軍戦車に乗るイラク市民（2003 年）

おわりに

二〇二二年三月、私がウクライナに取材に入ったばかりのころだった。日本のテレビコメンテーターのなかに、

「こんなに国民に犠牲者を出すくらいならウクライナは降伏すればいい」

という意見を言う人がいた。一方的な侵略を受けた当事者の気持ちになって考えられない、無責任な発言に怒りが抑えられなかった。こういうのを、現場を知らないお気楽者という。

ロシアの計画通りに侵攻を受け入れて、ウクライナの未来に何が待っているというのか。ドネツク州、ルガンスク州でやっているように、ロシア化教育を推し進め、ウクライナの言語や伝統を否定して、ウクライナの文化全体を破壊するのだろう。

たしかに市民が命を落すのは最悪だ。戦争そのものが犯罪なのは当り前だ。しかし、それを仕掛けてきたのはプーチンであり、「市民が死ぬから降伏する」として、そのあと独裁者におびえて暮らすことが、生き残った市民にとって幸せだろうか。命さえあれば、生きてさえいればいいのか。

「命」を持つ人間には、「魂」がある。身体が生きていれば「命」はあるが、魂や心を奪われ

て「命」が続いているのは、人間の生き方として幸福ではない。

コソボ共和国が二〇〇八年にセルビア共和国からの独立を宣言したとき、ムスリム系のコソボ人たちはセルビア正教会に長い間支配されていた。紛争の取材で入っていた私は、あるコソボの兵士からこんな言葉を聞いた。

「相手の靴の底を舐めてまで生きることが人生なのか」

食べて、飲んで、寝て、排泄《はいせつ》して、それだけ維持されれば、立派に「生きている」といえる。しかし人間には尊厳、プライドがあり、「屈辱」に耐えられないという魂のあり方がある。だから世界中で独立戦争は絶えることはない。

抑圧された状態では生きたくない。魂の、心の自由がほしい。それは人間の精神に組み込まれた「心のＤＮＡ」だと思う。


本書が成立するにあたっては、私が横浜育ちだという縁から、有隣堂出版部からオファーをいただいた。東京から小学生のころに引っ越し、三〇代まで横浜在住、本は少し大袈裟にいうと有隣堂でしか買ったことがなかった。

さらに後になって知ったのだが、ウクライナのオデーサ市と横浜は一九六五年以来の姉妹都市だという。オデーサは黒海に面した美しい港湾都市で、旧ソ連時代から、横浜と半世紀以上の姉妹都市であることをうれしく思った。プーチンは九月三〇日にドネツク州、ルガンスク州、ザポリージャ州、ヘルソン州の四州併合を一方的に宣言した。当初の思惑通りなら、ヘルソン西側のオデーサも攻略の視野に入れていたはずだ。

横浜市のホームページによると、「オール横浜支援パッケージ」として、オデーサに限定しないウクライナ避難民に対する支援策を明確に打ち出している（ウクライナ情勢への対応　横浜市〈city.yokohama.lg.jp〉）。横浜市が、ウクライナの苦難に寄り添おうと、覚悟を持って行動している姿勢に敬意を表したい。

今回はわずか一カ月余のウクライナ取材であったが、報道の現場ではなかなか言えない様々な思いを、書籍としてまとめることができた。

有隣堂出版部に、改めて感謝申し上げる次第である。

佐藤　和孝

二〇二二年一〇月

カバー・本文写真——佐藤和孝

2000年	5月	アフガニスタン
	9月	アフガニスタン
2001年	3月	インドネシア・アチェ解放戦線
	4月	アフガニスタン
	5月	アフガニスタン
	8月	アフガニスタン
	9月	アフガニスタン
	10月	アフガニスタン
2002年	2月	アフガニスタン
	7月	アフガニスタン
2003年	3月	イラク戦争
	7月	イラク
	12月	イラク
2004年	2月	イラク北部・アルビル・スレイマニア・キルクーク・ヨルダン
2005年	5月	フィリピン
	12月	イラク総選挙
2006年	1月	イラク・サマワ
2007年	5月	アフガニスタン
2008年	2月	イラク
	10月	アフガニスタン
2009年	2月	アフガニスタン
	7月	アフガニスタン
2010年	2月	イラク総選挙
2011年	7月	アフガニスタン
	11月	トルコ・ロンドン・パリ
2012年	8月	シリア
2013年	3月	イラク総選挙
	8月	ヨルダン・トルコ・シリア難民
2014年	3月	アフガニスタン選挙
2016年	3月	ベルギー・テロ
	4月	ウクライナ
	11月	イラク・モスル
	12月	イラク・モスル
2017年	3月	イラク・モスル
	7月	イラク・モスル
2022年	3月	ウクライナ

佐藤和孝取材年表

1980年	5月	アフガニスタン・ラシュカルガー
1982年	2月	アフガニスタン・バーミヤン
1983年	7月	アフガニスタン・パグマン
1986年	2月	フィリピン・マルコス政権崩壊
1988年	4月	アフガニスタン・ロガール ソ連軍撤退
1989年	1月	アフガニスタン・バーミヤン大仏
	8月	アフガニスタン・バーミヤン大仏
1990年	2月	フィリピン・ゴミの山
	8月	ソ連一周
	12月	パレスチナ・インテファーダ
1992年	4月	アフガニスタン・ムジャヒディンに陥落
	9月	アフガニスタン北部・ドスタム将軍
1993年	3月	サラエボ
	6月	サラエボ・セルビア側
	11月	サラエボ（モスレム側・セルビア側）
1994年	3月	アフガニスタン
	8月	アフガニスタン
	10月	アフガニスタン
1995年		アフガニスタン
1996年	2月	サラエボ
	5月	アフガニスタン
	9月	チェチェン
	12月	アフガニスタン・タリバン・北部同盟・バーミヤン・ドスタム将軍
1997年	4月	アルバニア無政府状態
	7月	アフガニスタン・タリバン・北部同盟・バーミヤン
	10月	ボスニア・サラエボ
1998年	3月	アルジェリア
	6月	コソボ
	9月	アフガニスタン・タリバン
	11月	コソボ
1999年	2月	ウガンダ
	4月	アルバニア・マケドニア
	6月	コソボ
	9月	キルギス・日本人鉱山技師誘拐事件
2000年	2月	チェチェン

【著者紹介】

佐藤和孝

（さとう　かずたか）

1956年北海道帯広生まれ。横浜育ち。ジャーナリスト、ジャパンプレス主宰・山本美香記念財団代表理事。24歳よりアフガニスタン紛争の取材を開始。その後、ボスニア・ヘルツェゴビナ紛争、アメリカ同時多発テロ、イラク戦争などの取材を続け、2003年にはボーン・上田記念国際記者特別賞を受賞。著書に『アフガニスタンの悲劇』（角川書店）、『戦場でメシを食う』（新潮新書）、『戦場を歩いてきた』（ポプラ新書）、『タリバンの眼』（PHP新書）などがある。

ウクライナの現場から

2023年1月9日　初版第1刷発行

〔著　者〕佐藤　和孝

〔発行者〕松信健太郎

〔発行所〕株式会社　有隣堂

本　社　〒231-8623　横浜市中区伊勢佐木町1-4-1

出版部　〒244-8585　横浜市戸塚区品濃町881-16

電話045-825-5563　振替00230-3-203

〔印刷所〕株式会社堀内印刷所

〔装丁・レイアウト〕小林しおり

ISBN978-4-89660-238-8　C0231